Lorbeer Literaturverlag

Titelbild: 2014 - Gedenkstein Friedhof Lohmen
mit der Inschrift: „DIE TOTEN MAHNEN“

ISBN 978-3-938969-40-3

KZ Mockethal-Zatzschke

Dachs VII in Pirna

Pascal Cziborra

Lorbeer - Verlag
Bielefeld 2015

Inhaltsverzeichnis

Teil 2 – Personen im Lagerumfeld
Wachpersonal, Belegschaft und Bevölkerung

Teil 3: Stationen der Deportation
Häftlingsüberstellungen und Transporte

Teil 4: Statistik, Daten, Diagramme
Forschungsstand und Datenbasis

Geleitwort

Vor Ihnen liegt der zehnte Band der Aufarbeitungsreihe *Die Außenlager des KZ Flossenbürg*, in dem nun auch für den Lagerstandort Pirna Mockethal-Zatzschke der aktuelle Kenntnisstand dargelegt werden kann. Das Buch ist Resultat umfangreicher Recherchen, deren Hauptziele die Klärung der einzelnen Häftlingsschicksale, die zukünftige Unterstützung der Erinnerungsarbeit vor Ort, sowie die Anregung der weltweiten Holocaustforschung sind. Hierzu wurden diverse aussagekräftige Dokumente zusammengetragen, die das Lagergeschehen in Mockethal-Zatzschke aus verschiedenen Perspektiven beleuchten sollen. Während zunächst einmal auf die Ausführungen des Flossenbürger Gedenkstättenmitarbeiters Ulrich Fritz in „Der Ort des Terrors" [2006] zurückgegriffen werden konnte, musste, um wichtige Fragen zu klären, deutlich tiefer in die Detailforschung eingestiegen werden. Zur genutzten Quellenbasis gehören die Flossenbürger Nummernbücher mit den Häftlingsregistern[1], die Befreiungsdaten aus Leitmeritz und Theresienstadt, die Aktenbestände der Auto Union AG zum Bauvorhaben „Carnallit", die Ermittlungsakten der Zentralen Stelle der Landesjustizverwaltungen zur Aufklärung nationalsozialistischer Verbrechen in Ludwigsburg zum Lagerstandorten Mockethal-Zatzschke[2] sowie Dresden Bernsdorf & Co.[3] aus den 1960er und 1970er Jahren, sowie etliche weitere Zeitzeugenberichte und Autobiografien, vor allem überlebender Häftlinge.

Für die 1994 von Steven Spielberg gegründete Shoah Visual History Foundation [SVHF] gaben außerdem Berek Engel und Hy Fireman Video-Interviews[4], die für die hier vorliegende Studie allerdings größtenteils noch nicht inhaltlich ausgewertet wurden. Zudem liegt eine Autobiografie von Sergio Rusich vor.

Mit dieser Quellenbasis können die Ereignisse im Außenlager Mockethal-Zatzschke 70 Jahre nach Kriegsende insgesamt recht schlüssig und detailliert nachgezeichnet werden.

---

[1] NARA M-1935 Rolls 1-4

[2] Ludwigsburger Stelle, BArch B 162 / 16166, B 162 / 16167

[3] Ludwigsburger Stelle, BArch B 162 / 8328, B 162 / 8329, B 162 / 8330

[4] SVHF 5635, 28644

Teil 1 – Das Lager Mockethal-Zatzschke Von der Entstehung bis zur Auflösung

a) Vorgeschichte und Anbahnung

Auf der Suche nach passenden Verlagerungsstandorten für rüstungswirtschaftliche Produktionslinien der Mitteldeutschen Motorenwerke aus Taucha (Mimo), stößt die Auto Union AG Chemnitz, der Mutterkonzern der Mimo, in Zusammenarbeit mit dem Bergbauamt Freiberg 1944 auf die Verlagerungsalternative Pirna – Mockethal/Herrenleithe. Hier werden im Frühling 1944 die stillgelegten Steinbrüche Alte Poste 1 und 2 inspiziert.
Auslöser für die eigenständige Suche nach Verlagerungsarealen war die Unzufriedenheit mit den zentralen Berliner Planungsstellen, die den Konzern bei den Verlegungsbestrebungen, nach eigenem Empfinden nicht ausreichend effektiv unterstütze. So schrieb Vortandsvorsitzender Richard Bruhn im Frühjahr 1944 an den zuständigen Leiter der Bauabteilung der Auto Union, Architekt Quayzin:

> „Im Anschluß an mein gestriges Schreiben an meinen Kollegen Dr. Werner, habe ich noch gestern Abend mit den Herren Dr. Müller und Dipl.Ing. Keller die Frage erörtert, ob es nicht letzten Endes allein richtig wäre, wenn wir uns durchaus selbständig auf die Suche nach geeigneten Höhlen im Reich für die Aufnahme der Fertigung der Mimo begeben würden, weil nach allen Erfahrungen anzunehmen ist, daß die zuständigen Berliner Zentralstellen uns wenig oder gar nicht helfen werden, um geeignete und geeignet erscheinende Höhlenvorkommen näher zu bezeichnen.“[5]

Am 26. April 1944 schlug Vorstandsvorsitzender Richard Bruhn außerdem vor, wie dies Peter Kohl und Peter Bessel in ihrem Buch „Auto Union und Junkers: Die Geschichte der Mitteldeutschen Motorenwerke GmbH Taucha 1935-1948“ detailliert

[5] StAC 31050 AU 3814

recherchiert haben, „eine Spezialkommission der Auto Union zu bilden, die in Zusammenarbeit mit dem Oberbergamt Freiberg nach geeigneten Höhlen suchen sollte.“[6]
Dabei wird man recht schnell fündig. Denn bereits am 4. Mai findet auf Veranlassung von Ministerialrat Haasemann eine erste Besichtigung des Steinbruchareals statt. An dieser Ortsbesichtigung haben außerdem zwei Vertreter der Rüstungsinspektion Dresden, ein Vertreter des Oberbergamtes Freiberg, sowie der Architekt Quayzin und sein Mitarbeiter Keller von der Auto Union teilgenommen.[7]
In einem Bericht über diese Begehung in Mockethal bzw. Pirna-Herrenleite für den Vorstand der Auto Union schildert und analysiert der Architekt Quazyn Möglichkeiten und Schwierigkeiten des als Verlagerungsbetriebsstätte geplanten Bauvorhabens. Er schreibt:

> „Es handelt sich um außer Betrieb befindliche Steinbrüche (Sandstein im Tagebau), die sich in einem verhältnismäßig schmalen – etwa 2 Kilometer langen – Tal befinden und in fast genau östlicher Richtung vom Dorf Mockethal hinziehen. Etwa 1500 m vom Talbeginn ab zweigt ein weiteres dichtes Tal von ca. 200 Meter aus dem Hauptteil nach Norden ab. Das Tal ist von Pirna aus leicht und bequem zu erreichen (ca. 3 Kilometer), auf einer für schweren Fahrverkehr geeigneten Straße. Vom Dorf Mockethal aus zweigt ein kleiner gepflasterter, aber nur für Einbahnbetrieb geeigneter Weg ab, der das ganze Tal lang führt. Besonders auffallend ist, daß von Pirna aus eine Industriebahn das ganze Tal längs führt, die sich in verhältnismäßig gutem Zustand befindet und die mehrere Verlade-, Ausweich- und Abzweigstellen in die einzelnen Brüche hat. Die Brüche selbst liegen nicht in geschlossener Reihe, sondern sind wieder durch Waldungen und Gehölz unterbrochen, so daß die eigentlichen Brüche steil abfallend an verschiedenen Stellen das Tal

[6] Kohl & Bessel. Auto Union und Junkers. S.235
[7] StAC 31050 AU 3814 – Aktennotiz vom 5.5.1944

> abgrenzen. Diese Lage bringt es mit sich, daß die einzelnen Steinwände bzw. die eigentlichen Steinbrüche verhältnismäßig gut getarnt sind.“[8]

Während die günstige Lage und Verkehrsanbindung den Vorstellungen des Konzerns entsprachen, eignete sich das Tal und die besichtigten Brüche allerdings nicht zur Errichtung größerer Produktionshallen, sondern lediglich als Eingangsstollen für Untertageverlagerungen.

> „Bei einer angenommenen lichten Höhe von fünf Meter ergäbe sich eine Überdeckung von ca. 25 Meter, was eine ausreichende Bombensicherheit bedeuten würde. Fast überall gleiche geologische Verhältnisse im Tal ließen unterirdische Produktionsflächen in Größenordnungen von 20.000 bis 60.000 Quadratmetern zu. Genauere Angaben zu den geologisch-tektonischen Verhältnissen waren einem späteren Gutachten des Oberbergamtes Freiberg vom 4. September 1944 zu entnehmen.“[9]

Zur Abschätzung der zeitlichen Dimension für die Realisierung eines solchen Stollenbauprojektes zitiert Quayzin den Vertreter des Oberbergamtes Freiberg Dr. Oelsner:

> „Bei Einsatz einer Gruppe von 18 Mann, von welcher stets drei Mann unmittelbar vor Ort arbeiten, würden diese täglich 35 Kubikmeter schaffen, d.h. bei 4 Meter Höhe 8,5 Kubikmeter, bzw. bei 4 Meter Breite 2 laufende Meter, mit anderen Worten, 10 Gruppen könnten pro Tag 80 bis 100 Quadratmeter schaffen, also 20.000 Quadratmeter somit in etwa 200 Tagen.“[10]

---

[8] StAC 31050 AU 3814
[9] Ebd.
[10] StAC 31050 AU 3814 – Aktennotiz vom 5.5.1944

Damit ergab sich für das geplante Bauvorhaben der Auto Union für eine Produktionsfläche von 40.000 qm eine mindestens 12-monatige Bauzeit.

> „Hinzu kamen weitere Probleme, die mit Sicherheit den vorgesehenen Zeitrahmen sprengen würden. So wurde beispielsweise darauf verwiesen, daß die Möglichkeiten der Wasserversorgung sehr schlecht waren, weil das Gebiet sehr ungünstige hydrologische Voraussetzungen aufwies. Brauchwasser hätte aus der ca. zwei Kilometer entfernten Elbe herangeführt werden müssen. Für Trinkwasser mussten noch gesonderte Untersuchungen angestellt werden. Es war auch keinerlei Gasanschluß möglich, es sei denn direkt aus Pirna in drei Kilometer Entfernung. Auch der Anschluß einer Stromüberlandleitung war nur über eine größere Entfernung möglich. Schließlich wurde noch darauf verwiesen, daß keine geeigneten Unterbringungsmöglichkeiten für die Arbeitskräfte in nächster Umgebung vorhanden waren, so daß Barackenlager gebaut werden mußten.“[11]

Neben all den zu erwartenden Schwierigkeiten, stellte sich aber nur wenige Tage später bei einem zweiten Lokaltermin heraus, dass laut Ministerialrat Haasemann eine Bauzeit von mehr als 6 Monaten für den „Jägerstab“ uninteressant sei. Das Projekt drohte zu scheitern. Um im vorgegebenen Zeitlimit zu bleiben reduzierte daraufhin die Auto Union am 9. Mai 1944 ihren Raumanspruch für die geplante Betriebsverlagerung auf 15.000 Quadratmeter. Um ein derartiges Vorhaben fristgerecht zu realisieren *„ist unterstellt, daß zehn Stollen gleichzeitig eingetrieben werden in einer Breite von 7 Meter, einer Scheitelhöhe von 6 Meter und einer Kämpferhöhe von 4 Meter. Ein Ausbau der gewonnenen Stollen ist nicht nötig. Als Breite des zwischen den Stollen stehen bleibenden Gesteins werden 10 Meter als ausreichend erachtet. Man rechnet pro Tag bei Betrieb in drei Schichten mit einem Vortrieb von 3-4 Meter pro*

[11] Kohl & Bessel. Auto Union und Junkers. S.236

Stollen.“[12] Zur Ermittlung des Kräftebedarfs legte Dr. Kress, Vertreter des Bauamtes Berlin, dabei ähnliche, bereits realisierte Bauvorhaben zugrunde, und ging vom 1,4-fachen Bedarf von 228 Mineuren, 114 Hilfsmineuren, einem Bohrerträger, 15 Pölzzimmerleute, 6 Schmiedehelfer, 6 Schmiede, 360 Schutterer, 10 Schießmeister, 28 Maschinisten für Lademaschinen 54 Lokführer, 54 Beifahrer, also insgesamt 340 Fach- und 550 Hilfsarbeitern aus. Daraus ergab sich *„ein tatsächlicher Menschenbedarf zur Erstellung einer Fläche von 15 000 Quadratmetern in sechs Monaten [...] von insgesamt ca. 1.300 Mann.*“[13]

Trotz der kriegsbedingten problematischen Beschaffung geeigneter Facharbeiter und Arbeitskräfte und der technischen Bewältigung, der als anfällig geltenden Heiz- und Bewetterungsanlagen, der Wasserversorgung, sowie der Luftfeuchtigkeitskontrolle und dem Kondenswasserschutz, stellt der Konzern per 26. Juni 1944 einen Investitionsantrag an den Reichsminister der Luftfahrt/Oberbefehlshaber der Luftwaffe (RdL/OdL), der allerdings erst am 3. November 1944 genehmigt wurde.[14] In der Zwischenzeit wird das Bauprojekt des Auto-Union-Konzerns in Mockethal unter der Tarnbezeichnung „Carnallit“ oder aber unter dem Begriff „Sandsteinwerke G.m.b.H. Pirna“[15] vorangetrieben. Laut Protokoll der Arbeitsausschuß-Sitzung der MMW Taucha vom 25.10.1944 heißt es:

> „Wie bereits in vorherliegenden Sitzungsberichten bemerkt, wird dieses U-Projekt der MMW unter der Tarnbezeichnung „Carnallit“ durchgeführt. Die Vorarbeiten für dieses Bauvorhaben sind bereits im Gange.“[16]

---

[12] StAC 31050 AU 3814 – Aktennotiz vom 9.5.1944

[13] StAC 31050 AU 3814 – Aktennotiz vom 9.5.1944 Die Berechnung stammte von Dr. Kress, der als Vertreter des Bauamtes Berlin an dieser Beratung teilnahm.

[14] StAC 31050 AU 3814 – Aktennotiz vom 9.5.1944 – Am 3.11.44 unter der Nr. IV-IV a 84 (M) genehmigt.

[15] StAC 31050 AU 3814

[16] StAC 31050 AU 723

Das erforderliche Barackenlager für die benötigten 1300 Arbeiter sollte von Häftlingen des KZ Flossenbürg ausgebaut werden, das später möglicherweise auch die Arbeitskräfte für den Stollenausbau und der Verlagerungsproduktion der Mitteldeutschen Motorenwerke Taucha stellen sollte.

> „Der Investierungsantrag verdeutlicht die wichtigsten Parameter des Vorhabens „Carnallit“: Mit fast 20 Mio. Reichsmark sollten die Voraussetzungen geschaffen werden, um monatlich 1000 Motoren Jumo 213 und zusätzlich 500 Kurbelwellen für den Jumo 213 in drei Schichten zu je acht Stunden, ausschließlich der Prüfstandsbetriebe, zu realisieren. Am 27. Juni 1944 schrieb Richard Bruhn an William Werner in seiner Eigenschaft als Mitglied des Industrierates des Reichsmarschalls für die Fertigung von Luftwaffengerät und gab ihm einen Überblick über die Raumplanung des Stollenwerkes.[17]“[18]

Aufgrund höherer Dringlichkeitsstufen anderer Rüstungsprogramme wird das Untertagebauprojekt der Auto Union AG aber später nicht für die Produktionslinien der Mimo bzw. MMW, sondern für die Treibstoffproduktion eingesetzt.
Im Frühjahr und Sommer 1944 hatten die Alliierten gezielt die Hydrierwerke im Deutschen Reich bombardiert, um die deutsche Treibstoffproduktion lahmzulegen. Ende Juli 1944 seien wegen ausgefallener Werke nur 10% der früheren Treibstoffmenge produziert worden. Daher habe Rüstungsminister Albert Speer vorgeschlagen, die gesamte Treibstoffproduktion unterirdisch zu verlagern. Für dieses Vorhaben wurde Edmund Geilenberg eingesetzt, um das nach ihm benannte Untertageverlagerungsprogramm, das sogenannte „Geilenbergprogramm“ zu realisieren.[19] Für die bauliche Ausführung wurde die Organisation Todt betraut.

---

[17] StAC 31050 AU 3814 – Bruhn an Werner 27.6.1944
[18] Kohl & Bessel. Auto Union und Junkers S.239ff.
[19] Vgl. BArch B 162 / 16167 S.385 :
„Akten des Geilenberg-Programms sind kaum noch erhalten. Es handelte sich um ein geheimes Bauprogramm (deswegen auch die Tarnbezeichnungen für

Das spätere KZ-Außenlager Mockethal-Zatzschke war also ein als Verlagerungsbetrieb der MIMO Taucha begonnenes bzw. projektiertes Bauvorhaben, das einige Monate später als Bauprojekt der Organisation Todt, die unter dem Geilenberg-Stab, die schwer geschädigte deutsche Treibstoffproduktion fördern sollte, übernommen bzw. umfunktioniert worden war. Unter dem Tarnnamen „Dachs VII“ war nun geplant eine unterirdische Schmierölproduktion einzurichten. Der Standort Dachs I war Porta in Westfalen, Dachs II Ebensee in der Nähe des österreichischen Linz; Dachs III sollte in Deutsch-Brod im Protektorat Böhmen entstehen und Dachs IV wurde nach einer Planänderung von Loosdorf bei Melk an der österreichischen Donau nach Osterode in den Harz verlegt. Am 21. September 1944, sind zudem Dachs V bei Wien im Elbsandsteingebirge, Dachs VI in Dickenau in der Ostmark sowie Dachs VII in „Alte Poste“ im Raum Sachsen projektiert.[20]

Als Produktionsfirma wird in den entsprechenden Planungsakten die Deutsche Gasolin AG und als Werksbeauftragter ein gewisser Dr. Pfaff genannt. Dabei geht aus den Unterlagen hervor, dass in den vorhandenen Steinbrüchen Alte Poste 1 bei Pirna die Kleindestillationsanlagen unter der Tarnbezeichnung Ofen 11 und 12 und bei Alte Poste 2 die „Öfen“ 13 und 14 als Doppelanlagen in vorhandenen Steinbrüchen erstellt worden waren. In einem Bericht vom 18.10.1944 geht hervor, dass die Bauausführung nach Planung der Deutschen Gasolin AG, durch die Organisation Todt ausgeführt werden sollten. Als Werksbeauftragte werden nun ein Dipl.Ing. Spindler und als Stellvertreter ein Ing. Stein genannt.

> „Aus dem Vermerk „Durchsatz: 6000 moto Rückstand aus Öfen 19/22“ kann geschlossen werden, daß das Werk die Produktion der „Öfen 19 – 22“ (es handelte sich im

---

die unterirdischen Bauten), wo gegen Kriegsende das meiste Material vernichtet wurde. Einschlägige Aktenreste befinden sich noch im Bundesarchiv Koblenz unter der Signatur R3/1907. Es handelt sich um einen geschlossenen Akt, Ende allerdings mit Dezember 1944, des „Generalkommissars für die Sofortmaßnahmen“ (Geielenberg).“

[20] Vgl. BArch B 162 / 16167 S.385

> Kleindestillationsanlagen) weiterzuverarbeiten hatte. Jedoch kam es offenbar nicht mehr dazu. Aus dem unterm 19.10.44 angegebenen Terminplan ist ersichtlich, daß die ganze Anlage erst ab Juni 1945 gelaufen wäre.“[21]

Laut Terminplan sollten am 19.10.1944 die Bauarbeiten durch die Organisation Todt starten und am ersten Dezember 1944 die bergmännischen Arbeiten am Fels beginnen. Am 15. Februar 1945 plante man mit der Montage der Anlagen in den Stollen anfangen zu können. Am ersten Juni sollte die Anlage fließfertig sein.[22] Inwieweit es anfangs gelang diesen Zeitplan einzuhalten ist mangels Aktenüberlieferung aus dem Jahr 1945, nicht so leicht zu beantworten. In einem Bericht vom 24.11.1944 wird allerdings der ursprüngliche Plan vom 18. Oktober 1944 insoweit verworfen, dass zur schnelleren Fertigstellung eine Freiverlagerung bevorzugt wurde. Es heißt:

> „Da Dachs 7 erst an 12. Stelle mit Bergbaugerät versorgt werden kann, ist der Anlauftermin 1.6.45 in Frage gestellt. Das Vorhaben wird daher für Freiverlagerung umgeplant. Standorterkundung führt GB-Chemie durch (Min.-Dir. Schönleben). Dr. Zern legt fertiges Projekt bis 5.12.44 vor.“[23]

Wann genau die Organisation Todt also in Pirna Mockethal-Zatzschke in den Steinbrüchen Alte Poste 1 und 2 ihre Arbeit aufnahm, ist dokumentarisch nicht überliefert. Für die Errichtung eines Barackenlagers, für die Baukommandos und späteren Arbeiter der Destillationsanlagen sollten schließlich Häftlinge aus dem KZ Flossenbürg zum Einsatz kommen. Grundsätzlich war das Geilenbergprogramm allerdings nicht mehr von Erfolg gekrönt. So konstatieren Peter Kohl und Peter Bessel, auf der Basis Groehlers Publikation „Bombenkrieg“:

---

[21] BArch B 162 / 16167 S.386
[22] Vgl. BArch B 162 / 16167 S.386
[23] Zitiert nach BArch B 162 / 16167 S.387

> „Nach den Planungen des Rüstungsministeriums sollten 1944/45 insgesamt über acht Mio. Quadratmeter unterirdische Produktionsfläche geschaffen werden. Bis zum November 1944 waren davon etwa 1,6 Mio. Quadratmeter im Rohbau fertiggestellt worden. Der Hauptanteil der unterirdischen Verlagerung war der Rüstungsendfertigung vorbehalten. Sie sollte über sechs Mio. Quadratmeter für die Produktion von Flugzeugen, Raketen, Flugtriebwerken, Panzern, Waffen usw. erhalten. Von den 743 geplanten unterirdischen Großanlagen konnte bis Kriegsende mit Ausnahme einiger weniger Betriebe sowie der unterirdischen Anlagen bei Nordhausen kein einziges größeres Werk fertiggestellt werden."[24]

Diesen Ausgang der Geschichte musste der Verlauf der Kriegsereignisse aber erst noch zeigen. Bis zuletzt versuchte das nationalsozialistische Regime, die drohende Niederlage und seinen eigenen Untergang ohne Rücksicht auf Verluste umzubiegen.

b) Januar 1945: Ankunft des 1. Häftlingstransportes

Die eigentliche KZ-Lagereröffnung Mockethal-Zatzschke fiel in den Januar 1945. Laut Flossenbürger Nummernbücher wurden am 10. Januar 1945 100 KZ-Häftlinge in das Lager Mockethal-Zatzschke bei Pirna überstellt. Der ehemalige österreichische Häftling Franz Fürstner lässt 1967 im Rahmen der Luwigsburger Vorermittlungen bezüglich potenzieller Tötungsdelikte im Flossenbürger Außenlager Mockethal-Zatzschke über die Herkunft der Häftlinge protokollieren:

> „Die Häftlinge aus unserem Lager „Dachs VII", es waren immer ca. 100, stammten aus Frankreich, Griechenland, Polen, Deutschland, Österreich und CSSR. Auch einige

---

[24] Kohl & Bessel. Auto Union und Junkers. S.242
Vgl. Groehler, Bombenkrieg. S.292

> Zigeuner aus Ungarn und Deutschland sowie etliche Juden befanden sich darunter.“[25]

Dabei hat er zwei große Häftlingsgruppen, die der italienischen und russischen Gefangenen, sowie zahlreiche andere vertretene Nationalitäten nicht berücksichtigt.
So setzte sich der Transport aus ca. 32 Italienern, 31 Russen darunter 7 Kriegsgefangenen, 13 Polen darunter zwei Juden, 8 Reichsdeutschen, darunter etliche Österreicher und auch einen Schweizer, ca. 8 Franzosen, zwei Kroaten einen Serben, einen Bulgaren, einen Griechen, einen Tschechen, einen Belgier, einen Litauer und einen ungarischen Juden zusammen. Neben den vier Juden im Gründungstransport soll es unter den deutschen Häftlingen auch mindestens einen „Zigeuner“ gegeben haben.
Ältester Häftling war der polnische Arzt Jan Gryzkiewicz[26] mit Jahrgang 1893 und der höchste registrierte Jahrgang war 1926[27]. Die acht jüngsten Häftlinge waren also gerade 18 Jahre alt, hatten sich aber möglicherweise sogar als etwas älter ausgegeben als sie waren, um auf Arbeitstransport gehen zu dürfen. Jüngster laut Nummernbuch war der am 25. August 1926 geborene Italiener Dorino Samokez[28].
Den Transport begleiteten etwa 10-15 SS-Wachmänner, die überwiegend als Volksdeutsche aus Ungarn, Rumänien und Jugoslawien stammten. Während die Mehrheit der ehemaligen Wachleute sowie der Häftlinge von einem Bahntransport ausgeht, berichtet lediglich der ehemalige Häftling Walter Dietrich von einer Überstellung per Lkw. Es heißt in seinem Vernehmungsprotokoll von 1968: *„Wir wurden auf Lkw verladen und waren innerhalb eines Tages am Zielort.“*[29]

---

[25] BArch B 162 / 16166 S.43 -VP Franz F. 29.11.1967
[26] FloNo.: 22839
[27] Vgl. FloNo.: 9123 (RUS), 10058 (FRA), 11494 (RUS), 12564 (RUS), 37925 (RUS), 40275 (ITA), 40291 (ITA) , 40306 (ITA)
[28] FloNo.: 40306
[29] BArch B 162 / 16166 S.66 -VP Walter D. 24.01.1968

SS-Schütze Adam Frehr gibt 1976 allerdings deutlich ausführlicher und insgesamt sehr glaubwürdig zu Protokoll:

> „Anfang Januar 1945 wurde ich nach Pirna beordert. Ich begleitete einen Transport von etwa 100 Häftlingen, der mit Eisenbahnwaggons durchgeführt wurde. Die genaue Anzahl der Bewachungsmannschaft weiß ich nicht mehr, ich glaube es waren etwa 14 Personen. Ich kann mich nicht mehr erinnern, ob der spätere Lagerleiter von Pirna bei dem Transport dabei war. Ich glaube es nicht, mir ist vielmehr erinnerlich, daß dieser bereits in Pirna war, als wir ankamen.“[30]

Der ehemalige SS-Schütze Ferdinand Klaus ergänzt:

> „Unser Ziel in Pirna war eine Sandgrube außerhalb des Ortes. Es war ein freies Gelände, auf dem sich schon einige Baracken befanden. Wir mussten weitere Baracken errichten und das Gelände einzäunen. Wachtürme wurden nicht gebaut. Gleich neben dem Lager war ein Wald. Hinter dem Wald fuhr auch die Eisenbahn.“[31]

Ähnlich heißt es bei Adam F. außerdem:

> „Das Lager war meines Wissens in einer Kiesgrube. Die Häftlinge hatten Baracken zu errichten. [...] Angeblich war das Lager der Organisation Todt unterstellt, ich weiß aber nicht, was in dem Lager für die Organisation hätte gearbeitet werden sollen. Es wurden nur Baracken aufgestellt. Die Posten der SS-Bewachungsmannschaft standen oben am Rand der Kiesgrube. Als wir ankamen, war bereits eine Baracke für die Häftlinge und eine Baracke für die Bewachungsmannschaft vorhanden. Neben dem Lager war ein kleiner Wald. In der Nähe ging eine Eisen-

[30] BArch B 162 / 16167 S.340 -VP Adam F. 23.06.1976
[31] BArch B 162 / 16167 S.345 -VP Ferdinand K. 12.05.1976

> bahnlinie vorbei. Das Lager selbst befand sich an einer Straße, die nach Pirna führte."[32]

Die Unterkunftsbaracke der Wachmannschaft befand sich dabei direkt neben dem eingezäunten Lagergelände. SS-Mann Ferdinand Klaus erinnert:

> „Die Baracken, in denen wir geschlafen haben, waren außerhalb des Lagers. Sie waren gleich neben dem Tor. Auch unsere Unterkünfte waren sehr beengt."[33]

Neben den beiden Unterkunftsbaracken für Wachmannschaft und Häftlingsbelegschaft waren bei Ankunft im Januar 1945 wohl bereits auch einige Wirtschaftsgebäude fertiggestellt. SS-Schütze Mathias Ostertag berichtet:

> „Das Lager war so eingerichtet, daß 4-5 Baracken bereits standen, von denen eine von den Häftlingen und eine von den SS-Leuten bezogen wurde. Das Lager war auf drei Seiten von einem Wald umgeben, an der vierten Seite ging die Straße vorbei; hier befand sich ein Zaun. Ein Stacheldraht war nirgends angebracht. Das Lager selbst lag etwas tiefer als seine Umgebung."[34]

Möglicherweise wurde der Stacheldraht erst nachträglich von der Wachmannschaft auf den Maschendrahtzaun aufgesetzt. SS-Schütze Ferdinand Leimeter lässt protokollieren:

> „Die Verlegung nach Zatschke [sic!] erfolgte in einem Eisenbahntransport, wir hatten am Bahnhof in Pirna auszusteigen. [...] Das Lager war mit einem Maschendrahtzaun von ca. 1,50m bis 2m Höhe und dem aufgesetzten Stacheldraht umgeben. Es waren 4 Posten eingerichtet. Nur der Posten 2 befand sich auf der gleichen Höhe wie das Lager, die übrigen Posten waren über der Böschung

[32] BArch B 162 / 16167 S.340f. -VP Adam F. 23.06.1976
[33] BArch B 162 / 16167 S.346 -VP Ferdinand K. 12.05.1976
[34] BArch B 162 / 16167 S.376 -VP Mathias O. 27.04.1977

von ca. 3-4m. Von der Wachmannschaft kenne ich nur meine Landsleute, Ostertag, Kellner, Baranaj und Johann Albrecht. [...] Mit uns kam der Kommandant, der hieß Plage oder Hage und 2 weitere Dienstgrade. Welche Dienstgrade die drei im einzelnen hatten, weiß ich nicht. Den Plager kann ich so beschreiben: Er hat sehr deutlich gesprochen[35], wir haben ihn auf Anhieb verstanden, während wir uns bei den übrigen immer etwas einhören mußten. [...] Er war ein hochgewachsener und kräftiger Mann. Personalien sind mir von ihm nicht bekannt, ich meine, er war etwa so alt wie ich. Dieser Kommandant war ca. 4-5 Wochen bei uns. Er war sehr streng und ich habe auch gesehen, wie er einem hochgewachsenen Italiener nur deshalb, weil er nicht sofort beim Appell die Reihe fand, 25 Hiebe gab. Ich habe aber weder gehört noch gesehen, daß er irgendjemand getötet hätte.[...]
Nach diesem Kommandanten kamen 2 neue, einer davon hieß von Berg. Den Namen weiß ich von meinem Landsmann Albrecht, der der Küchenchef war und mit ihm öfter zu tun hatte. Den genauen Zeitpunkt des Wechsels weiß ich nicht, aber von Berg und sein Begleiter kamen ziemlich sicher einige Zeit vor der Bombardierung von Dresden."[36]

Damit nimmt Leimeter einige Entwicklungen voraus. Lagerkommandant war zunächst ein SS-Oberscharführer Plager, dessen Identität im Rahmen der Ludwigsburger Verfahren aber nicht ermittelt werden konnte. Er dürfte noch im Laufe des Januars 1945 von SS-Oberscharführer Erich von Berg, der aus dem Außenlager Dresden Bernsdorf & Co. im Stadtteil Striesen nach Pirna Mockethal-Zatzschke versetzt wurde, abgelöst worden sein.[37]

[35] Hinweis auf Hochdeutsch.
[36] BArch B 162 / 16167 S.396f. -VP Ferdinand L. 23.06.1977
[37] Vgl. Pascal Cziborra. KZ Dresden Striesen

c) Januar 1945: Flucht vom Transport

Bereits bei der Überstellung aus dem KZ-Stammlager Flossenbürg nach Pirna, soll es zu einem Fluchtvorfall gekommen sein. Der ehemalige Häftling Paul Kraft berichtet:

> „Auf dem Weg von Flossenbürg nach Pirna sind zwei Häftlinge geflohen. Ich weiß das, weil von Berg wissen wollte, wie das zugegangen ist. Ein alter SS-Mann sollte für die Flucht verantwortlich gemacht werden.“[38]

Auffällig an dieser Aussage ist, dass bereits SS-Oberscharführer Erich von Berg die Ermittlungen zu dem Fluchtvorfall übernahm. Ob sich tatsächlich ein SS-Mann für die Flucht der zwei Häftlinge verantworten musste, ließ sich bislang nicht bestätigen. Kenntnis über ein Disziplinarverfahren liegt nicht vor. Der Fluchtvorfall als solcher lässt sich jedoch dokumentarisch bestätigen. So wird im Flossenbürger Nummernbuch am 23. Januar 1945 die Flucht der jungen russischen Zivilarbeiter Piotr Titow[39] und Andrej Sadarow[40] „von Transport nach Dachs VII“ vermerkt. Ob sie jedoch wirklich entkommen konnten ließ sich bislang nicht sicher klären. Denn Dr. Gino Torregrossa[41], ihr italienischer Mithäftling, lässt 1977 protokollieren:

> „Längs der Straße Flossemburg [sic!] Pirna wurden zwei der 100 Deportierten erschossen, weil sie die Flucht versuchten. Es waren zwei Russen.“[42]

Ein Todesvermerk erfolgte im Nummernbuch jedoch nicht. Im Regelfall wurden Häftlingsabgänge aber eindeutig gekennzeichnet. Es muss also vorerst offen bleiben, ob die beiden jungen Russen tatsächlich Anfang Januar beim Fluchtversuch erschossen wurden, oder ob dies eventuell den verbliebenen 98 Häftlingen nur suggeriert wurde, um Nachahmungen zu vermeiden.

---

[38] BArch B 162 / 16167 S.357 -VP Paul K. 29.07.1976
[39] FloNo.: 38637
[40] FloNo.: 38639
[41] FloNo.: 40324
[42] BArch B 162 / 16167 S.370 -VP Gino T. 16.02.1977

d) Allgemeine Lagerbedingungen

I. Funktionshäftlinge:

Um die Kommunikation mit den Häftlingen zu vereinfachen und eine funktionierende Lagerordnung durchzusetzen, wurden nahezu in allen Konzentrations- und Nebenlagern Funktionshäftlinge bestimmt. Diese waren verantwortlich für reibungslose Abläufe im Lager und bei der Arbeit oder hatte spezielle Aufgabengebiete bei der Verpflegung und medizinischen Versorgung der Häftlinge. Vierlerorts hatten sich dabei auch sogenannte „Grünwinkel“, als kriminell gekennzeichnete Häftlinge in der Lagerhierarchie durchgesetzt. Häftlinge mit besonderen Aufsichtsbefugnissen wurden dabei auch als „Kapos“[43] bezeichnet. Da die Funktionshäftlinge als Schnittstelle zum SS-Personal fungierten, waren entsprechende Sprachkenntnisse unverzichtbar. Der ehemalige SS-Schütze Adam Frehr lässt 1976 protokollieren:

> „Von den Häftlingen sprachen meiner Erinnerung nach nur 3 Deutsch. Diese drei hatten zugleich im Lager die Funktionen des Lagerältesten und der Stellvertreter inne. [...] Wenn ich noch einmal versuche, mich an die Lagerältesten zu erinnern, dann fällt mir ein, daß einer geschwäbelt hat oder sogar Schweizer-Deutsch gesprochen hat. Er war größer als ich – ich bin nur 1,65 m. Er war der jüngere Lagerälteste, es gab dann noch einen etwas älteren.“[44]

Bei dem stellvertretenden Lagerältesten[45] handelt es sich um den Schweizer Paul Kraft[46] aus Zürich. So erinnert der deutsche Mithäftling Walter Dietrich[47]:

---

[43] Herleitung von camp police – Lagerpolizei bzw. Lagerpolizist

[44] BArch B 162 / 16167 S.341f. -VP Adam F. 23.06.1976

[45] Das Amt hat weder etwas mit dem Alter der Person noch mit der Haftdauer zu tun und ist wohl vom Begriff Ältestenrat abgeleitet, der eine Verwaltungs- bzw. Organisationsinstanz darstellt.

[46] FloNo.: 32031

„Ein Kapo hieß Paul Kraft und war schweizer Staatsangehöriger. Wo er herstammt, das ist mir nicht bekannt. Kraft hielt sich ruhig.“[48]

Lagerältester hingegen war der Thüringer Karl Popowski[49] aus Eisleben, der anscheinend „Charly“ gerufen wurde. So berichtet der ehemalige SS-Schütze Mathias Ostertag:

„Der Lagerälteste hieß Charly. Ein weiterer Häftling, der nicht arbeitete, sondern nur anschaffte, war ein Schweizer. An seinen Namen kann ich mich nicht erinnern. Es gab noch einen Häftling aus der Tschechei bzw. aus Böhmen, der hieß Franz[50], hatte aber keine bestimmte Funktion. [...] Der Charly führte ein strenges Regiment und trieb die Häftlinge zur Arbeit an. Ich selbst musste einmal einschreiten und ihn zurückhalten, damit er die Häftlinge nicht quälte. Ich habe damals zu ihm gesagt, er solle die Leute nicht so sekkieren, sie könnten nicht schneller, weil sie nichts zu essen hätten. Davon, daß der Charly jemanden umgebracht hätte, weiß ich nichts.“[51]

Wachmann Ferdinand Leimeter bestätigt:

„Im Lager war auch ein Häftlingsführer, der hieß Charly. Auch dieser war sehr streng und die Häftlinge hatten vor ihm Angst. Ich habe des öfteren gehört, daß er Häftlinge geschlagen hat, aber davon, daß er einen Häftling getötet hat, weiß ich nichts.“[52]

Der Ex-Häftling Walter Dietrich erklärt aber zu Popowskis Verteidigung, dass die SS auch die Drecksarbeit wie die Häftlingsbestrafungen durch den Kapo ausführen ließ.

---

[47] FloNo.: 39979
[48] BArch B 162 / 16166 S.67 -VP Walter D. 24.01.1968
[49] FloNo.: 32037
[50] Möglicherweise ist Franz Fürstner FloNo.. 39997 gemeint.
[51] BArch B 162 / 16167 S.377f. -VP Mathias O. 27.04.1977
[52] BArch B 162 / 16167 S.397 -VP Ferdinand L. 23.06.1977

„Lagerältester war, wenn ich mich recht erinnere, ein Karl Popowski. [...] Popowski hatte „ein großes Maul und eine lockere Hand“. Er wurde von der Lagerführung aber auch für alles verantwortlich gemacht. Popowski musste die gegen Häftlinge verhängten Prügelstrafen ausführen. In zwei oder drei Fällen habe ich gesehen wie er Stockhiebe austeilen mußte.“[53]

Von der deutschsprachigen und italienischen Stammbelegschaft des Lagers wird Popowski aber weitestgehend entlastet. So lässt Franz Fürstner protokollieren:

„Blockältester in unserem Lager „Dachs VII“ war ein wegen eines angeblichen Devisenvergehens zum Kriminellen gestempelter Deutscher namens Popovsky [sic!], der uns gut behandelte. Der Blockälteste wurde nach einer allgemeinen Redewendung auch „Kapo“ genannt. Aus dem Lager „Dachs VII“ ist mir kein Fall bekannt, bei welchem ein Häftling ermordet worden ist.“[54]

Paul Kraft lässt verlauten:

„Unser Lagerältester war Karl Popowski. Er war aus Eisleben. [...] Karl Popowski hat mit Sicherheit keinen Häftling erschlagen.“[55]

Registriert ist Popowski im Flossenbürger Nummernbuch aber als politischer Schutzhäftling. Da er 1976 verstorben sein soll, konnte er nicht mehr selbst vernommen werden, und zu den Vorwürfen und zu seiner Deportation und Lagerfunktion Stellung nehmen. Kommandoführer Erich von Berg lässt 1978 ebenfalls entlastend protokollieren:

„Ich weiß nicht davon, daß der Lagerälteste Mithäftlinge tötete. Ich kann es mir auch nicht vorstellen, denn davon

---

[53] BArch B 162 / 16166 S.67 -VP Walter D. 24.01.1968
[54] BArch B 162 / 16166 S.43-VP Franz F. 29.11.1967
[55] BArch B 162 / 16167 S.359 -VP Paul K. 29.07.1976

> hätte ich auf jeden Fall Kenntnis erlangt. Ich hätte dies nach Flossenbürg melden müssen, allein schon deshalb, weil ich die entsprechenden Häftlinge aus der Verpflegungsliste streichen hätte müssen.“[56]

Das genannte Argument ließe sich aber auch umkehren und als Beleg für eine mögliche Motivation anführen, verstorbene Häftlinge spät oder gar nicht abzumelden, um weiterhin Lebensmittel für sie zugewiesen zu bekommen. Indizien für einen solchen Amtsmissbrauch gibt es aber in Mockethal-Zatzschke bislang nicht.

Insgesamt dürften jedoch mehr als drei Häftlinge im Lager Deutsch gesprochen haben. Neben dem Deutschen und dem Schweizer an der Spitze der Häftlingsbelegschaft, gab es mindestens noch den Österreicher namens Franz Fürstner[57] über den es heißt, er habe als gewöhnlicher Häftling als Gruppenkapo fungiert[58], und einen deutschen Zigeuner, der die Aufsicht über eine Häftlingsgruppe hatte.

Das berichtet ein weiterer deutscher Häftling namens Walter Dietrich 1968. Im Vernehmungsprotokoll heißt es:

> „Ein deutscher Zigeuner, dessen Namen ich nicht mehr weiß, war zwar kein Kapo, aber er hatte die Aufsicht über eine Gruppe. Er war äng[st]lich und verhielt sich ruhig.“[59]

Diese Person ließ sich bislang nicht eindeutig identifizieren, da für das Lager Mockethal-Zatzschke offiziell keine „Zigeuner“ registriert wurden. Es könnte sich aber um Georg Horvath aus der österreichischen Gemeinde Marz in der Nähe von Ödenburg, der ungarischen Stadt Sopron, handeln. Der ehemalige Wach-

---

[56] BArch B 162 / 16167 S.423 -VP Erich von Berg. 20.01.1978

[57] FloNo.. 39997

[58] „Tiberio ist unter anderem eine Zeitlang in Korrespondenz gewesen mit einem gewissen Furstner, einem Österreicher, einem gewöhnlichen Häftling, der als Gruppenkapo fungierte.“
BArch B 162 / 16167 S.371 -VP Gino T. 16.02.1977

[59] BArch B 162 / 16166 S.67 -VP Walter D. 24.01.1968

mann Ferdinand K., der selbst aus dieser Grenzstadt stammt, erinnert:

> „Unter den Häftlingen war ein Zigeuner, den ich gekannt habe, denn er war aus Ödenburg. An seinen Namen kann ich mich nicht erinnern. Ich weiß auch nicht, was aus ihm geworden ist.“[60]

Georg Horvath wurde später in Leitmeritz befreit. Sein Wohnort war den Ludwigsburger Ermittlern 1976 bekannt. Vernommen wurde er jedoch anscheinend nicht. Neben den Genannten waren zudem die Häftlinge Otto Scharbach[61], Gottfried Porocnik[62] und Johann Schult am Baum[63] als reichsdeutsche Häftlinge registriert.
Ebenfalls der deutschen Sprache mächtig war der französische Jude Gerald oder Gerard Kaufmann[64], der aber wohl aufgrund der nationalsozialistischen Rassenlehre als minderwertig deklariert, angesichts genügend „arischer“ Alternativen, für die Position als Lagerältester nicht in Frage kam. Der österreichische Kamerad Franz Fürstner berichtet:

> „Von den Mithäftlingen des Lagers „Dachs VII“ kenne ich namentlich noch einen französischen Juden. Er hieß Gerald Kaufmann, sprach ein sehr gutes Deutsch und wurde seinerzeit mit mir in Graz verhaftet.“[65]

Insgesamt dürften daher mindestens neun Häftlinge der Eröffnungsbelegschaft fließend Deutsch gesprochen haben. Deutschkenntnisse qualifizierten also nicht automatisch zum Lagerkapo.

---

[60] BArch B 162 / 16167 S.345 -VP Ferdinand K. 12.05.1976
[61] FloNo.: 39977
[62] FloNo.: 39995
[63] FloNo.: 25240
[64] FloNo.: 39989
[65] BArch B 162 / 16166 S.44 -VP Franz F. 29.11.1967

II. Kleidung

Die Häftlingskleidung in den einzelnen Außenlagern des KZ Flossenbürg konnte erheblich variieren. Sogar innerhalb der einzelnen Häftlingsgruppen konnte die Kleidungsausstattung sehr unterschiedlich ausfallen. In Mockethal-Zatzschke scheinen zumindest die 100 Häftlinge der Erstüberstellung aus dem Stammlager, aber die standardmäßige gestreifte Häftlingsmontur getragen zu haben. Der ehemalige SS-Schütze Adam Frehr ließ 1976 protokollieren:

> „Der Transport aus Flossenbürg bestand nur aus Männern. Sie waren alle in Häftlingskleidung und hatten auch die entsprechenden Winkel auf den Kleidern aufgenäht.“[66]

Mit den farblichen Winkeln bei der aufgenähten Häftlingsnummer waren die Häftlingskategorien spezifiziert und für Mithäftlinge und Lagerpersonal offen sichtbar. Der rote Winkel wurde an politische Häftlinge vergeben, der gelbe Winkel oder Stern an Juden, der braune Winkel an Zigeuner, der schwarze Winkel an sogenannte Asoziale, der rosa Winkel an Homosexuelle, der lila Winkel an Bibelforscher [Zeugen Jehovas] und der grüne Winkel an Kriminelle, sogenannte Berufsverbrecher. Über die Kennzeichnung der Kriegsgefangenen im KZ Flossenbürg ist nichts Konkretes bekannt.

Original-Häftlingsnummer des Italieners Sergio Rusich

Freundlicherweise zur Verfügung gestellt von Silva Rusich und Francesco Santini. Sie ist sonst ein Ausstellungsstück im Museo della Deportazione in Figline di Prato.

---

[66] BArch B 162 / 16167 S.341 -VP Adam F. 23.06.1976

III. Verpflegung

Welche Stelle für die Häftlingsverpflegung und Lebensmittelzuteilung im Außenlager Mockethal-Zatzschke verantwortlich war, ließ sich bislang nicht dokumentarisch absichern. Laut Aussage des Wachmanns Ferdinand Leimeter, scheint zumindest das Wachpersonal verpflegungsmäßig der Organisation Todt unterstanden zu haben. Er gibt 1977 zu Protokoll:

> „Ich weiß nur, daß eine Gruppe von uns einmal in Heidenau im dortigen Lager Lebensmittel, Geschirr und sonstiges abholte. Unsere Lebensmittel bekamen wir von der OT[67]. Es war in der Nähe d.h. 5 oder 6 km entfernt, noch ein größeres Lager, in dem wir auch des öfteren Lebensmittel fassten. Ich war selbst einmal in diesem Lager, ich glaube es hieß Lomen [sic!].“[68]

Ob sich in Lohmen ein Lebensmittelmagazin, Zwangsarbeiterlager oder eine Stelle der Organisation Todt befand, ließ sich bislang nicht sicher feststellen.
Grundsätzlich wurde aber das Entgelt für die Häftlingsverpflegung in entsprechenden Forderungsnachweisen von der Kommandantur Flossenbürg vom zu entrichtenden Arbeitsentgelt der Häftlinge abgezogen. Dabei wurden für die Häftlingsverpflegung größtenteils 65 Pfennig pro Tag und Person abgerechnet[69], zum Teil, möglicherweise für die Funktionshäftlinge oder als Feiertagszulagen, auch 70 Pfennige.[70] Für das Außenlager Mockethal-Zatzschke sind aber aufgrund seiner späten Eröffnung, erst im Jahr 1945, keine derartigen Forderungsnachweise überliefert.
Der zweite Kommandoführer Erich von Berg, soll sich aber laut Aussage des österreichischen Häftlings Franz Fürstner, um die Aufbesserung der Verpflegungsrationen bemüht haben:

---

[67] Organisation Todt.
[68] BArch B 162 / 16167 S.399 -VP Ferdinand L. 23.06.1977
[69] Vgl. BArch NS4FL 393 Bd.2
[70] z.B. Forderungsnachweis Nr. Flo. 764 - BArch NS4FL 393 Bd.2

> „Ich erhielt einmal vom SS-Oberscharführer Plager mit einer Rute mehrere Schläge, weil ich einen Mithäftling, der sich etwas Lebensmittel aneignete, nicht verraten hatte. Der SS-Oberscharführer von Berg war sogar ein edler Mensch, tat kaum jemandem etwas zuleide und tauschte sogar Decken, Schuhe udgl. für Kartoffel und Rüben ein, um unsere Lebensmittelrationen etwas aufzubessern."[71]

Dennoch dürfte sich die prekäre Ernährungssituation der KZ-Häftlinge vor allem gegen Kriegsende noch weiter verschlechtert haben. So berichtet der jugoslawische Ex-Wachmann Josef Hottelitsch:

> „Ich weiß nur noch, daß sich unter den Häftlingen ein Jugoslawe befand, mit dem ich mich aber auch nur ein einziges Mal unterhalten habe. Ich kann mich an dieses Gespräch deshalb so gut erinnern, weil der Kapo dazu kam und dem Häftling eine Ohrfeige geben wollte, die mich erwischte. Der Grund für diese Ohrfeige dürfte gewesen sein, daß der Kapo beobachtete, wie ich diesem jugoslawischen Häftling Brot und andere Lebensmittel übergab."[72]

Neben der von der SS offiziell nicht geduldeten und unter Strafe stehenden Lebensmittelgeschenken an die Häftlinge, hat es in Pirna aber nicht nur sporadische Hilfe durch das Wachpersonal, sondern auch durch die Bevölkerung vor allem von Bauern in der Nähe des Lagers gegeben.[73]

Dennoch war der Hunger einiger Häftlinge so groß, dass auf allen Wegen versucht wurde, zusätzliche Nahrung zu beschaffen. Über den Serben Vojn Vukovic[74] heißt es:

---

[71] BArch B 162 / 16166 S.43 -VP Franz F. 29.11.1967
[72] BArch B 162 / 16167 S.403 -VP Josef H. 22.07.1977
[73] Vgl. Kapitel 2.2
[74] FloNo.: 40000

> „Mit dem Wukowitsch hatten wir so viel Arbeit, weil er aus der gefrorenen Erde die Wurzeln ausgrub und sie aß. Wir hatten alle Angst, daß er davon die Ruhr bekommen könnte und das ganze Lager angesteckt werden würde. Das hätten wir nicht überlebt.“[75]

Nicht sicher ist, ob es bei derartigen Vorfällen, die eigenen Rationen auf unerwünschte Art und Weise aufzubessern, auch zur Tötung von Häftlingen gekommen ist. Der Italiener Gino Torregrossa lässt 1977 protokollieren:

> „Ich weiß, daß zwei Häftlinge getötet wurden, weil sie zwei schlechtgewordene Rüben gegessen hatten, und dies geschah als Werk des preußischen Wachtmeisters.“[76]

Mit dem preußischen Wachtmeister ist der erste Lager- bzw. Kommandoführer gemeint. Der ehemalige Wachmann Ferdinand Leimeter bezweifelt dies auf Vorhalt jedoch entschieden. Er gibt zu Protokoll:

> „Es ist auch nicht richtig, daß Häftlinge, die sich zusätzliche Nahrungsmittel verschafft hätten, getötet worden wären. Das Lebensmittelmagazin des Lagers befand sich neben Posten 1. Ich weiß selbst, daß Häftlinge, darunter insbesondere der polnische Arzt, dessen Namen ich nicht mehr weiß, sich daraus mit Lebensmittel versorgt hatten. Das ging in der Weise vor sich, daß sich die Häftlinge zuvor mit dem Posten 1 verständigten und der sie dann gewähren ließ. Der Posten 2 hatte guten Einblick in die Küche. Von dort aus konnte beobachtet werden, wie sich Häftlinge an den Abfällen zu schaffen machten. In keinem einzigen Fall wurde je nur eine Meldung erstattet..“[77]

---

[75] BArch B 162 / 16167 S.356 -VP Paul K. 29.07.1976
[76] BArch B 162 / 16167 S.370 -VP Gino T. 16.02.1977
[77] BArch B 162 / 16167 S.400 -VP Ferdinand L. 23.06.1977

Diese Schilderungen klingen zunächst einmal plausibel, und es liegen auch bis heute keine konkreten Hinweise auf die vermeintlichen Todesopfer der „Rüben-Episode“ vor. Grundsätzlich dürfte aber kein einziger Wachmann oder Häftling Kenntnis von allen Vorfällen haben, die sich während des gesamten Lagerbestehens ereigneten.
Die Berliner Jüdin Ruth Tauber (später Alton), die mit evakuierten Häftlingen aus Dresden erst im Februar 1945 vorübergehend ins Lager gekommen war berichtet über die Ernährung ihrer jüdischen Gruppe:

> „Die Ernährung war schlecht. Morgens erhielten wir ein bisschen Kaffee, der auch gleichzeitig als Waschwasser dienen musste. Mittags gab es Suppe, die von einer Sturmanka, so nannte man die SS-Frauen, ausgeteilt wurde. Diese gab die Suppe nicht etwa gleichmäßig aus, sondern wie es ihr gerade einfiel. Einer bekam den zustehenden ¾ Liter, ein anderer noch nicht einmal ¼ Liter. Manche bekamen 10 Kartoffeln, andere nicht eine einzige. – Wer noch keine Hungerzeiten erlebt hat, kann natürlich nicht verstehen, wie wichtig so ein bisschen Suppe ist. – Alle zitterten vor Aufregung bei der Verteilung, denn außer dieser Suppe gab es nur noch ein kleines Stück Brot am Abend.“[78]

Ob die reguläre Verpflegung der Stammbelegschaft besser war, ist im Detail nicht bekannt.

IV. Einbindung in den Arbeitsprozess

Wie bereits durch verschiedene Dokumente und Aussagen festgestellt werden konnte, handelte es sich bei den Häftlingen in Mockethal-Zatzschke um ein Baukommando, das ein größeres Barackenlager errichten sollte. Dabei war die Lagerneugründung Teil eines Großprojektes der synthetischen Treibstoffversorgung

[78] Ruth Alton. Deportiert von den Nazis. S.79f.

durch die „Deutsche Gasolin AG“ Berlin, die vorsah für den Bau unterirdischer Destillationsanlagen durch die Organisation Todt, größere Mengen Zwangsarbeiter einzusetzen. In den entsprechend auszubauenden Sandsteinstollen in der Herrenleite, sollten unter den Tarnbezeichnungen *Carnallit* und *Rogenstein* von der Organisation Todt durch Einsatz ziviler Zwangsarbeiter Stollensysteme gegraben werden, um entsprechende bombardierungssichere Untertageflächen zu schaffen. Zur Zeitersparnis sollen die Kleindestillationsanlagen später jedoch als Freiverlagerung aufgestellt werden. Dort sei Erdöl aus dem Wiener Becken bei Zistersdorf verarbeitet worden, das per Bahn in Kesselwagen eintraf, obwohl bis zum Ende des Krieges nur 20% der Anlage fertiggestellt worden seien.[79]

Da ein Großteil aller im Deutschen Reich verfügbaren Arbeitskräfte zur Wehrmacht und anderen Zwecken der Kriegsführung einberufen worden waren, sah sich das Nazi-Regime infolge negativer Frontentwicklungen gezwungen, neben ausländischen Zivil- und Zwangsarbeitern, verstärkt auch KZ-Häftlinge für ihre wirtschaftlichen Zwecke einzusetzen. Aufgrund des akuten Arbeitskräftemangels kamen also auch wieder jüdische KZ-Arbeitskräfte nach Deutschland, obwohl das Deutsche Reich seit 1943 als *judenfrei* galt und selbst jüdische KZ-Häftlinge aufgrund einer Weisung des SS-Reichsführer Himmler vom 2. Oktober 1942 aus den Konzentrationslagern auf deutschem Reichsgebiet nach Auschwitz oder Lublin überstellt werden sollten, bzw. worden waren.[80] Mit dem Rückfluss jüdischer KZ-Häftlinge als dringend benötigte Zwangsarbeiter entstand unter dem Druck der Kriegereignisse auch unter der Verwaltung des KZ Flossenbürg in der Oberpfalz, vor allem 1944, in Bayern, Sachsen und Böhmen ein feinmaschiges Außenlagersystem für die deutsche Rüstungswirtschaft zur Unterstützung der totalen Kriegsführung. Das Außenlager Mockethal-Zatzschke stellt dabei nur einen kleinen Lagerstandort, von etwa 90 Außenlagern des KZ Flossenbürg dar, in denen auch ein nicht unerheblicher Anteil an Juden inhaftiert war.

---

[79] Vgl. www.gedenkplaetze.info Aufruf 14.07.2013

[80] Vgl.Barbara Schwindt: *Das Konzentrations- und Vernichtungslager Majdanek.* Würzburg. 2005

KZ-Arbeitskräfte konnten über das SS-WVHA, das SS-Wirtschaftsverwaltungshauptamt beantragt und von der SS quasi zu Facharbeitertagessätzen von 6, und Hilfsarbeiterstagessätzen zu 4 Reichsmark „ausgeliehen" werden. Die Abrechnung erfolgte per monatlichem Forderungsnachweis, die für das Lager Mockethal aufgrund seiner späten Gründung allerdings nicht überliefert sind. Ob die KZ-Häftlinge des Flossenbürger Außenlagers als Fach- oder Hilfsarbeiter abgerechnet wurden, ist indes nicht bekannt. Sie hatten allerdings mit den Bohrungen, Stollenarbeiten und dem Aufstellen der Schmierölanlagen allerdings größtenteils nichts zu tun und dürften daher wohl als Hilfsarbeiter abgerechnet worden sein. Ex-KZ-Häftling Paul Kraft berichtet:

> „Wir sollten ein Barackenlager für etwa 2000 Häftlinge errichten. Als wir ankamen, war bereits eine behelfsmäßige Baracke für uns vorhanden. Hier sollten wir weitere in Zusammenarbeit mit einer privaten Firma aus Bautzen aufstellen. Als wir mit den Arbeiten begannen, lag noch Schnee. Die Häftlinge, für die das Lager vorgesehen war, sollten im Elbsandsteingebirge arbeiten. Dort waren Stollen, in denen Fabriken untergebracht waren. Die Fabriken brauchten weitere Leute; aus diesem Grunde wurde das Lager als Unterkunft aufgebaut. Ich war selbst zweimal bei den Stollen, habe aber dort nicht gearbeitet. [...] Alle männlichen Häftlinge waren beim Bau von Baracken eingesetzt. Mir ist nicht bekannt, daß Häftlinge unseres Lagers auch in den Stollen des Elbsandsteingebirges gearbeitet hätten. Ich war ein- oder zweimal oben bei den Stollen. Die Häftlinge, die dort arbeiteten, waren nicht aus unserem Lager, ich habe sie nicht gekannt. Sie waren dort oben in der Nähe ihrer Arbeitsstellen untergebracht, keinesfalls bei uns im Lager."[81]

Diese Aussage Krafts wird von etlichen weiteren Häftlingen der Mockethaler Stammbelegschaft bestätigt. So lässt der Italiener Stanislao Leghissa[82] protokollieren:

---

[81] BArch B 162 / 16167 S.354ff. -VP Paul K. 29.07.1976
[82] FloNo.: 40268

> „Keiner von uns hat im Steinbruch gearbeitet, denn wir hatten die Aufgabe, Baracken für ein neues Lager zu bauen.“[83]

Kraft kommt daher zu dem Schluss:

> „Die Organisation Todt hatte die Leitung der Betriebe im Elbsandsteingebirge, also in den Betrieben, die in den Stollen untergebracht waren. Wir im Lager hatten mit der Organisation Todt nichts zu tun.“[84]

Der Großteil der Mockethaler Häftlinge war damit während des gesamten Lagerbestehens nur beim Barackenbau und dem dafür notwendigen Planieren des Geländes beschäftigt.[85] Beim Italiener Gino Torregrossa heißt es:

> „Wir wurden nach Pirna verlegt mit der Aufgabe, weitere Unterkunftsbaracken für etwa tausend weitere Internierte zu bauen, die dann in einer Fabrik für synthetisches Benzin arbeiten sollten, deren Bau in der Zwischenzeit von anderen Deportierten in einem Stollen betrieben wurde, den sie in einen Berg in der Umgebung gruben. Ich und meine Gruppe, wir haben niemals in der Benzinfabrik gearbeitet, wir waren mit Grab- und Planierungsarbeiten befasst, die der Aufstellung der Baracken vorausgingen. An der Spitze des Lagers stand zuerst ein Wachtmeister der SS preußischer Herkunft, dessen Namen [Plager?] ich nicht weiß, und dann, in den letzten 45 Tagen des Aufenthalts in Pirna, befehligte das Lager ein anderer SS Wachtmeister österreichischer Herkunft [von Berg?].“[86]

---

[83] BArch B 162 / 16167 S.367 -VP Stanislao L. 02.02.1977
[84] BArch B 162 / 16167 S.360 -VP Paul K. 29.07.1976
[85] Vgl. BArch B 162 / 16167 S.343 -VP Adam F. 23.06.1976
[86] BArch B 162 / 16167 S.369 -VP Gino T. 16.02.1977

Außerdem erinnert Sergio Rusich[87]:

> „Es ist mir bekannt, daß in der Nähe des Lagers, in dem ich gefangen war, sich ein Steinbruch befand, in den viele Kameraden zur Arbeit gebracht wurden, um Stollen in den Felsen zu graben für den Bau von Treibstofflagern, wie es hieß; [...] Ich bin glücklicherweise niemals einer ständigen Arbeit in diesem Steinbruch zugeteilt worden, wohin ich ein einziges Mal ging, um Material zu holen;“[88]

Es scheinen also wenn überhaupt nur kleinere Häftlingskommandos aus Mockethal-Zatzschke in die Nähe des Stollens gekommen zu sein, oder gar in ihnen gearbeitet haben. Kommandoführer Erich von Berg verneint dies jedoch entschieden.

> „Die Häftlinge waren hauptsächlich mit der Errichtung von Baracken im Lager beschäftigt. Hin und wieder, besser öfters, musste ich kleinere Gruppen von Häftlingen für Straßenbauarbeiten abstellen. Das waren Gruppen von 15 bis 20 Mann, die unter der Aufsicht von 2 SS-Leuten zu einer etwa 2 bis 3 km entfernten Straßenbaustelle gebracht wurden. Der Straßenbau war notwendig, weil an dieser Stelle ebenfalls ein Stollen in den Berg getrieben wurde, der meiner Erinnerung nach einmal ein Benzinlager aufnehmen sollte. Meine Häftlinge sollten die Zufahrtsstraße zu diesem Stollen bauen. Dazu gehörte auch die Wegschaffung des Abraums. Der Stollen selbst wurde von ausländischen Arbeitern gegraben, nicht von Häftlingen, keinesfalls von Häftlingen aus dem Lager Zatschke [sic!].“[89]

Wenn bei den Straßenarbeiten auch Abraum aus dem Stollen abtransportiert werden musste, so handelte es sich bei dem geschilderten Kommando um schwere körperliche Tätigkeiten.

---

87 FloNo.: 40301

88 BArch B 162 / 16167 S.381 -VP Sergio R. 23.03.1977

89 BArch B 162 / 16167 S.422 -VP Erich von Berg. 20.01.1978

Anscheinend fielen diese Arbeiten nicht dauerhaft, d.h. während des ganzen Lagerbestehens an und betrafen nur einen Teil der Häftlinge, möglicherweise vor allem jüdische Häftlinge, die erst nach der Bombardierung Dresdens nach Pirna gekommen waren. Der jugoslawische Wachmann Hottelitsch erinnert:

> „Ich weiß, daß wir am Bahnhof Baracken abgeladen haben. Bei diesem Bahnhof, der sich in der Nähe des Lagers befand, handelte es sich nicht um einen Hauptbahnhof, sondern um einen Spezialbahnhof. In der Nähe dieses Bahnhofes, ca. 500m vom Lager entfernt, befand sich ein Tunnel, in den ein Zug hineinfuhr. In diesem Tunnel hatten Häftlinge des Lagers in Schichtarbeit zu arbeiten. Ich weiß, daß sie von ein oder zwei Wachleuten hingebracht wurden und abends wieder abgeholt wurden.“[90]

Ob bei dieser Aussage tatsächlich ein Tunnel der Industriebahn Pirna-Mockethal-Herrenleite (vgl. Feldbahnmuseum) gemeint ist, oder aber eine Bergbaubahn mit Abraumloren und Stollen, konnte nicht vollständig abgesichert werden. Aber auch der ehemalige SS-Schütze bestätigt Arbeitskommandos außerhalb des eigentlichen Lagers. Beim Wachmann Ferdinand Klaus heißt es leicht abweichend:

> „Die Baracken wurden aus Holz errichtet, nicht aus Stein. Das Material haben wir vom Bahnhof in Pirna abgeholt.“[91]

Auch scheint einmal ein Arbeitskommando bei der Entladung eines Elbkahns eingesetzt worden zu sein. Der polnische Jude Sam Eilenberg berichtet:

> „Einmal musste ich mit anderen Häftlingen zusammen ein mit Sand und Steinen beladenes Boot (vermutlich am Elbufer) mit Schaufeln entladen. Man hatte kaum Platz,

---

[90] BArch B 162 / 16167 S.403 -VP Josef H. 22.07.1977

[91] BArch B 162 / 16167 S.345 -VP Ferdinand K. 12.05.1976

sich zu bewegen und auf dem Boot war eine Reihe von Häftlingen damit beschäftigt, den nahe am Bootsrand liegenden Sand auf das Ufer zu schaufeln. Eine zweite Reihe von Häftlingen hatten Steine über die Köpfe der Häftlinge in der ersten Reihe hinweg auf das Ufer zu schaufeln. Die Wachmannschaft trieb die Häftlinge so zur Eile an, daß eine Reihe von Arbeitsunfällen passierten. Häftlinge wurden von Steinen und von den Schaufeln getroffen und verletzt. Ich selbst wurde von einer Schaufel auf der rechten Gesichtsseite unter dem Auge getroffen und hatte eine blutende Wunde. Ich selbst habe auf diesem Boot einen Tag lang gearbeitet. Nach der Rückkehr ins Lager habe ich von anderen Häftlingen, die auch auf dem Boot gearbeitet hatten, gehört, daß zwei Häftlinge während der Arbeit getötet worden sind. Ob sie von der Wachmannschaft absichtlich getötet wurden, oder infolge eines Arbeitsunfalles gestorben sind, kann ich nicht sagen."[92]

Da es sich scheinbar um ein einmaliges Außenkommando handelte, ist auch nicht sicher, dass es sich um Häftlinge aus dem Lager Mockethal-Zatzschke gehandelt haben muss. Das Gerücht der Tötung zweier Häftlinge bei einem solchen Einsatz wird allerdings auch vom Italiener Carlo Sancin[93] bestätigt:

> „Da ich Schneider war, wurde ich für Näharbeiten aber auch für Grabarbeiten im Freien eingesetzt. Ich habe niemals im Steinbruch gearbeitet, und kann daher auch nichts sagen bezüglich eventueller Tötungen während des Marschs vom Lager zum Steinbruch. Ich habe davon gehört, daß zwei Häftlinge getötet wurden, als Material aus einem Boot ausgeladen wurde, doch war ich nicht persönlich zugegen."[94]

Konkrete Hinweise auf Opferidentitäten liegen nicht vor. Es ist daher möglich, dass es sich nur um ein Lagergerücht handelt.

---

[92] BArch B 162 / 16166 S.155f. -VP Sam E. 09.07.1971
[93] FloNo.: 40285
[94] BArch B 162 / 16167 S.391f. -VP Carlo S. 05.02.1977

V. Hygiene

Das Thema Hygiene war in den KZ-Lagern eng mit der Häftlingsgesundheit verbunden, denn die hygienischen Gegebenheiten konnten mit über den Ausbruch von Seuchen und epidemischen Krankheiten entscheiden. Über die Sanitäranlagen und hygienischen Bedingungen in Mockethal-Zatzschke liegen allerdings kaum Aussagen der Häftlinge oder Wachmannschaften vor. Es fehlen daher auch Hinweise, ob es fließend Wasser und Waschgelegenheiten gab, und Informationen über die Beschaffenheit der Latrinen. Auch ist nicht sicher, ob Entlausungen oder dergleichen veranlasst wurden. Die Berliner Jüdin Ruth Alton, die erst im Februar 1945 mit einem Evakuierungstransport aus Dresden in Mockethal ankam, und in uneingerichteten Baracken im neuen oder unfertigen Teil des Lagers untergebracht wurde, berichtet 1961 in einem autobiografischen Bericht basierend auf Aufzeichnungen von 1945:

> „Am späten Abend erreichten wir ein Durchgangslager bei Pirna, in dem wir einige Wochen blieben. In diesem Lager gab es kein Wasser, sodass wir uns während unseres dortigen Aufenthaltes nicht ein einziges Mal anders als mit einigen Tropfen Kaffee säubern konnten. Da wir außerdem eng zusammengedrängt auf der Erde schlafen mussten, bekamen wir auch wieder Läuse.“[95]

Den Mangel an Waschgelegenheiten für diese Häftlingsgruppe bestätigt auch Kommandoführer von Berg in seiner Vernehmung von 1978.[96] Mit den Häftlingen aus Dresden soll die Krätze eingeschleppt worden sein.[97]

[95] Ruth Alton. Deportiert von den Nazis. S.79

[96] BArch B 162 / 16167 S.420 -VP Erich von Berg. 20.01.1978

[97] Vgl. Pascal Cziborra. KZ Dresden Striesen.

VI. Medizinische Versorgung

Jedem Arbeitstransport im nationalsozialistischen Lagersystem wurde in der Regel auch ein Lagerarzt oder Pflegepersonal aus den Reihen der Häftlinge angeschlossen. In Mockethal scheint das ein polnischer (Kinder-)Arzt gewesen zu sein, auch wenn sich nicht jeder Zeitzeuge an die primitive Krankenstation erinnert. Wachmann Adam Frehr berichtet:

> „Einen Lagerarzt gab es nicht, es war vielmehr so, daß ein Arzt der Organisation Todt ins Lager kam oder man führte die Häftlinge zu ihm. Ich glaube der Arzt war in Pirna. Wo der Arzt genau war, weiß ich allerdings nicht. Es ist möglich, daß einer der Häftlinge Sanitätsdienste im Lager ausübte. Ich vermute es sogar, weiß es aber nicht genau. Ein richtiges Krankenrevier bestand meines Wissens nicht, dazu war das Lager zu klein.“[98]

Bei Franz Fürstner heißt es über den Häftling für „Sanitätsdienste“:

> „Lagerarzt war im Lager Zatschke-Mockethal-Dachs VII [sic!] ein mir dem Namen nach nicht mehr bekannter Häftling, der die ersten Untersuchungen der Kranken durchführte. Schwerer erkrankte Häftlinge wurden von einem SS-Kommando in die Stadt Pirna zur Behandlung gebracht.“[99]

Dem leicht widersprechend äußert Paul Kraft:

> „Wir hatten im Lager ein Revier, ein sehr kleines und primitives. Es war auch ein Arzt da, das war ein Häftling. Er war Kinderarzt und wesentlich älter als wir. Es war immer wieder einer krank, aber es war im Revier nicht viel Platz. Es gab höchstens zwei oder drei Betten. Den

---

[98] BArch B 162 / 16167 S.342f. -VP Adam F. 23.06.1976
[99] BArch B 162 / 16166 S.42f. -VP Franz F. 29.11.1967

Arzt sehe ich noch vor mir – er war ein Kinderarzt und hat uns alle behandelt wie Kinder. Wenn einer allerdings ernsthaft erkrankt war, konnte er nichts machen, weil er keine Medikamente und sonstige Mittel hatte. Diese Leute starben im Lager, sie wurden nicht weggebracht, weder in ein Krankenhaus nach Pirna noch zurück nach Flossenbürg. Es sind einige gestorben, wie viele weiß ich nicht."[100]

Bei dem polnischen Arzt dürfte es sich um den 1893 geborenen Jan Gryzkiewicz[101] gehandelt haben. Sergio Rusich berichtet:

> „Ich erinnere mich genau, daß im Lager ein polnischer Arzt mit Namen Jan Grjskiewicz [sic] da war. Bezüglich des Verhaltens dieses Arztes kann ich sagen, daß er sehr darauf bedacht war, nicht bei den Lagerkapos in Ungnade zu fallen, ohne daß ich irgendwelche schwerwiegenden Fakten ihm gegenüber behaupten kann."[102]

Dieser Arzt ist laut Carlo Sancin noch vor der Befreiung gestorben:

> „Ich erinnere mich, daß ein deportierter polnischer Arzt sich den Häftlingen gegenüber schlecht benommen hat, doch erinnere ich mich nicht mehr an den Namen. Ich erinnere mich, daß ich bei ihm vorstellig wurde, um ihn zu veranlassen, die gefangenen Kameraden besser zu behandeln, doch ohne Erfolg. Dieser Arzt ist im Lager vor der Befreiung gestorben."[103]

Dieser vermeintliche Todesfall war dokumentarisch bislang weder zu bestätigen noch zu dementieren.
Bezüglich vermeintlicher Häftlingstötungen per Injektion äußert Paul Kraft:

---

[100] BArch B 162 / 16167 S.359 -VP Paul K. 29.07.1976
[101] FloNo.: 22839
[102] BArch B 162 / 16167 S.383 -VP Sergio R. 23.03.1977
[103] BArch B 162 / 16167 S.393 -VP Carlo S. 05.02.1977

> „Zu der Schilderung eines Häftlings, daß in diesem Revier Kameraden durch Injektionen getötet wurden, kann ich nur sagen, daß ich mir das nicht vorstellen kann. Ich möchte bemerken, daß wir wahrscheinlich nicht einmal die Mittel für solche Spritzen hatten. Auf keinen Fall hat unser Arzt gespritzt. Das scheint mir völlig ausgeschlossen. Außer dem Arzt waren weder Mithäftlinge noch SS-Leute Sanitäter oder sonst wie in dem Revier beschäftigt."[104]

Der ehemalige SS-Schütze Mathias Ostertag äußert glaubhaft:

> „Im Lager gab es einen Arzt, das war ein polnischer Häftling. Ein Krankenrevier bestand nicht, wenn jemand krank war, blieb er einfach in seinem Bett in seiner Baracke. Ich weiß, daß er einmal aufgefordert wurde, „seine Leute gesund zu machen" und darauf antwortete, womit, nix Arznei. Davon, daß Häftlinge durch Injektionen getötet wurden, höre ich zum ersten Mal. Ich glaube nicht, daß dieser Arzt dazu in der Lage war – andere Ärzte oder Krankenpflegepersonal war nicht im Lager.
> Es starben im Lager ein deutscher Häftling[105] und zwei oder drei andere Häftlinge[106], die auf dem Friedhof im nächsten Dorf – den Namen weiß ich nicht mehr – gebracht wurden. Sie starben einfach, weil sie krank waren, nicht weil man sie umgebracht hätte."[107]

Dieser Lagereindruck bestätigt sich auch weitestgehend in den Zeitzeugenberichten und Dokumenten. Die Häftlinge waren als dringend benötigte Arbeitskräfte nach Mockethal-Zatzschke gekommen. Ihre vermeintlich gezielte Ermordung macht wenig Sinn und ist nicht sonderlich überzeugend. Gino Torregrossa erinnert:

---

[104] BArch B 162 / 16167 S.360 -VP Paul K. 29.07.1976
[105] Diese Person war bislang nicht zu identifizieren.
[106] Diese Aussage ist nicht ganz richtig. Es sind wohl mehr als 10 Häftlinge des Lagers in Lohmen bestattet worden.
[107] BArch B 162 / 16167 S.378 -VP Mathias O. 27.04.1977

„Im Lager regierte der Terror, besonders als der Preuße den Befehl hatte. Er ging immer mit einem Stock herum und begab sich häufig in die Krankenstube, wo er mit Stockschlägen die Genesenden herausjagte, um sie zur Arbeit zu schicken.“[108]

VII. Todesfälle der Stammbelegschaft

Wie bereits vom Wachmann Mathias Ostertag angesprochen, gab es im Lager-Mockethal mehrere Sterbefälle. Diese Personen wurden wohl überwiegend auf dem Dorffriedhof in Lohmen beigesetzt, auch wenn geglegentlich Bestattungen in Pirna oder die Einäscherung in Dresden erwähnt wird. Paul Kraft berichtet:

> „Es sind immer wieder Häftlinge im Lager gestorben. Einige sind richtig eingegangen, sie sind immer magerer geworden. Einmal starb ein deutscher Häftling, der wurde auf dem Friedhof in Pirna beerdigt. Alle, die dort gestorben sind, wurden auf dem Friedhof in Pirna beerdigt. Da war sogar ein Pfarrer dabei.“[109]

Paul Kraft will diesen Geistlichen bei einem Nachkriegsbesuch Pirnas sogar persönlich gesprochen haben. Nicht sicher ist, ob dieser Pfarrer, lediglich bei der späteren Umbettung der KZ-Gräber auf den Friedensplatz in Pirna zugegen war, oder ob er auch tatsächlich die Häftlingsbestattungen in Lohmen vorgenommen hat. Nach derzeitigem Kenntnisstand muss aber auch in Betracht gezogen werden, dass der Todesfall des deutschen Häftlings privilegiert behandelt wurde. So berichtet Paul Kraft weiter:

> „Einer von den Deutschen ist wie gesagt im Lager gestorben. Dessen Frau kam dann später ins Lager, um sich zu erkundigen. Wie er hieß, weiß ich nicht mehr.“[110]

---

[108] BArch B 162 / 16167 S.370 -VP Gino T. 16.02.1977
[109] BArch B 162 / 16167 S.356 -VP Paul K. 29.07.1976
[110] BArch B 162 / 16167 S.359 -VP Paul K. 29.07.1976

Auch Kommandoführer Erich von Berg kann sich scheinbar an diesen Sterbefall erinnern:

> „Während meiner Zeit verstarb im Lager ein einziger Häftling, den ich in Dresden einäschern ließ. Ich glaube, der Häftling war Deutscher. [...] Bei dem Häftling wurde durch einen Arzt der Tod festgestellt. Zusammen mit einem ärztlichen Attest meldete ich dann den Tod des Häftlings nach Flossenbürg.“[111]

Dieser verstorbene Deutsche ließ sich bislang nicht mit letzter Sicherheit identifizieren. Wahrscheinlich handelte es sich aber um den als Russen verzeichneten und in Cheschna geborenen Kuzma Drobacher[112], der am 8. Februar 1945 in Zatzschke verstarb und am 26.02.1945 auf dem Johannisfriedhof Dresden – Tolkewitz mit dem Vermerk „Sarg aus Krematorium“ bestattet wurde. Mit Sicherheit hat es aber im Lager Mockethal-Zatzschke nicht nur einen Todesfall gegeben. Es handelt sich hier um eine juristische Schutzbehauptung von Bergs. Denn laut Nummernbüchern wurden etliche weitere Fälle an die Kommandantur Flossenbürg gemeldet; der Fall Drobacher am 12. Februar.
Bereits am 23. Januar 1945 wurde der polnische Zivilarbeiter Wasyl Terendy[113] und am 3. Februar der polnische Jude Isak Heimberg[114] aus dem Lager Mockethal abgemeldet. Am 7. März 1945 folgt ihr junger Landsmann Jan Rajchel[115]. Am 20. März 1945 wird der 19-jährige Franzose Pierre Henri Guelton abgemeldet. Der 2006 verstorbene Sergio Rusich erinnert sich in seiner Autobiografie *Il Mio Diario* folgendermaßen an den Tod eines jungen Franzosen:

> „Uns war es strengstens verboten das Revier zu betreten. Auch die Totengrube war innerhalb des Lagerzaunes gelegen, und morgens wenn wir zur Arbeit nach draußen

---

[111] BArch B 162 / 16167 S.422f. -VP Erich von Berg. 20.01.1978
[112] FloNo.: 27303 ‘Kusmar’
[113] FloNo.: 38623 Jahrgang 1902
[114] FloNo.: 14951 Jahrgang 1895
[115] FloNo.: 40073

gingen, lief ich dem Maschendraht entlang, um zu sehen, wer die Leichen waren, die während der Nacht hinter der Baracke abgelegt worden waren, um zu erfahren wer derjenige war, dessen Leid ein Ende hatte. Eines Morgens bekam ich einen Schock, ich dachte, dass die erstarrten Lippen zu Pauletich[116] gehörten; stattdessen war es Peter, der junge Franzose, blond, zierlich[117], sehr jung. Er mag 17 gewesen sein. Er musste seine Geschichte gehabt haben, er hatte viel zu erzählen, er erinnerte sich immer an die Berge. Für mich, war er nur Peter: sehr jung, blond, sehr zerbrechlich[118]. Er war Franzose."[119]

Diese Personenbeschreibung dürfte also den jungen Pierre Henri Guelton charakterisieren, der in Mockethal starb. Nur einen Tag später, auf den 21. März 1945, datiert dann die Abmeldung zweier Italiener. Dabei handelt es sich um den politischen Häftling Antonio Torkar[120], geboren 1903 in Predicolle und um Natale Sufie. Es wäre noch zu prüfen, ob diese Todesfälle mit der Episode zur Schiffsentladung in Einklang zu bringen wären. Am 4. April wird der politische Kroate Stefano Sudan[121] (Jahrgang 1902) aus Drasize und am 15. April noch der belgische Zivilarbeiter Remi Josef Deckerck[122] (Jahrgang 1920) aus der Lagerstärke abgemeldet.
Außerdem soll am 15. April 1945 noch der französische Zivilarbeiter Antonin Villard[123] verstorben sein. Eine Todesmeldung erreichte die Kommandantur Flossenbürg allerdings nicht mehr. Die nach dem Krieg auf dem Lagergelände vorgefundenen Gräber deuten zudem auf den Todesfall eines jungen Russen[124] hin. Der Italiener Sergio Rusich, der bis zur Befreiung in Mockethal verblieb, ließ 1977 protokollieren:

---

116 Der Mithäftling könnte Fiorenzo Paoletti FloNo.: 40267 sein.
117 Im Original „delicato" (kann verschiedene Bedeutungen haben)
118 Im Original „fragilissimo" (auch im Sinne von schwach und gebrechlich)
119 Sergio Rusich. Il Mio Diario. S.62 Übersetzung F. Santini / P. Cziborra
120 FloNo.: 40316
121 FloNo.: 40310
122 FloNo.: 35270
123 FloNo.: 39991
124 vgl. Wasilij Scheribow FloNo.: 40070

> „Ich kann versichern, daß in Pirna durch Hiebe, d.h. als Folge von Schlägen ein italienischer Gefangener aus Rom, Sohn eines Generals, getötet worden ist, ein russischer Gefangener, der ca. 18 Jahre alt war, ein Jude, der durch Schläge auf den Kopf[125] gestorben ist und außerdem ein alter Gefangener, der aus Marzana d'Istria stammte."[126]

Alle vier beschriebenen Todesfälle ließen sich bislang nicht eindeutig zuordnen. Bei dem 18jährigen Russen könnte es sich um den auf dem Lagergelände bestatteten Wasilij handeln, mit dem älteren Gefangenen aus der kroatischen Gegend Marzana d'Istria könnte Stefano Sudan gemeint sein. Das jüdische Opfer ist nicht näher spezifiziert und es könnte sich dabei um Isak Heimberg oder um einen der vom Kommando Bernsdorf & Co. evakuierten Häftlinge handeln (vgl. Fall Rosenblum S.61). Der italienische Gefangene wäre durch das Verwandtschaftsverhältnis und die Herkunft aus Rom sicher noch zu identifizieren. Ob eine Verbindung zu Antonio Torkar oder aber zu dem Fall Squadrani besteht, lässt sich in Zukunft sicher noch klären. Möglicherweise ist hier auch Andrea Cerlin gemeint, der in Porschdorf verstarb. Außerdem berichtet der Italiener Carlo Sancin:

> „Ich kann bestätigen, daß während der Verlegung nach Pirna verschiedene Häftlinge, die nicht mehr gehfähig waren, am Straßenrand erschossen wurden. Ich bin nicht in der Lage, Namen anzugeben, doch erinnere ich mich, daß es sich um italienische und deutsche Deportierte handelte. Auch nach der Ankunft im Lager wurden mehrere Häftlinge, die zu schwach erschienen um arbeiten zu können, auf Befehl des Kommandanten getötet; zumindest verlautete dies unter den Häftlingen. Ich war persönlich dabei, als ein Jude von einer Frau in Uniform getötet wurde."[127]

---

[125] Vgl. Aussage Sam Eilenberg [siehe unten – Kapitel f)]

[126] BArch B 162 / 16167 S.383 -VP Sergio R. 23.03.1977

[127] BArch B 162 / 16167 S.391 -VP Carlo S. 05.02.1977

Vor allem die Passage über die Verlegung bzw. den Transport nach Pirna erscheint weniger glaubhaft. Mindestens ein deutsches und ein italienisches Opfer soll es laut anderen Berichten in Mockethal jedoch gegeben haben. Der angebliche Vorfall der Tötung eines Juden durch eine SS-Aufseherin, dürfte wenn überhaupt unter den evakuierten Häftlingen aus Dresden erfolgt sein. Zum Todeszeitpunkt Heimbergs waren noch keine Frauen und demzufolge auch keine SS-Aufseherinnen im Lager. Wachmann Ferdinand Leimeter äußert zum Thema der Todesfälle:

> „Mir fällt allerdings ein, daß einmal, als ich auf Posten 2 stand, einige Häftlinge einen Mithäftling aus der Baracke trugen und ihn daneben im Gebüsch hinlegten. Ich hatte den Eindruck, daß dieser Häftling bewusstlos ist. Er lag dann die ganze Nacht auf dieser Stelle und am Morgen sah ich Charly[128] bei dem Häftling stehen. Als er mich bemerkte rief er mir zu, den genauen Wortlaut weiß ich nicht mehr, aber in etwa: „Der lebt noch immer." Was aus diesem Häftling geworden ist, weiß ich nicht. Ich weiß nur, daß ein oder zweimal Häftlinge im Lager verstarben, die dann in der Nähe beerdigt wurden."[129]

Konkrete Details oder andere Aussagen zu diesem Vorfall liegen nicht vor. Die Identität des sterbenden Häftlings ist unklar.

---

[128] Kapo Karl Popowski FloNo.: 32037

[129] BArch B 162 / 16167 S.397 -VP Ferdinand L. 23.06.1977

e) Februar 1945: Evakuierungstransporte aus Dresden

Einschneidende Veränderungen in der Lagersituation Mockethal-Zatzschkes ergaben sich durch die flächendeckende Bombardierung Dresdens am 13. und 14. Februar 1945. Dabei wurden auch mehrere Außenlager des KZ Flossenbürg in Dresden beschädigt, was zur Evakuierung der Lager Bernsdorf & Co. in der Schandauer Straße 68 in Dresden Striesen und dem Kommando Universelle Maschinenfabrik in der Florastraße 14 führte. Etwa zu dieser Zeit will Kommandoführer Erich von Berg von einem ca. 14-tägigen Organisations-Aufenthalt aus einem benachbarten KZ-Außenlager Königstein (Schwalbe II) wieder nach Mockethal-Zatzschke zurückgekehrt sein. Er berichtet über die damaligen Vorgänge:

> „Die Versetzung als Kommandoführer für das Lager Zatschke [sic] erfolgte im Laufe des Januar 1945. An den genauen Zeitpunkt kann ich mich nicht erinnern. Ich weiß, daß ich in Zatschke [sic] einen Oberscharführer ablöste. [...] Ich selbst bezeichne das Lager als „Sandlager“ denn es war in einer Sandgrube eingebaut. An drei Seiten war es von hohen Sandwänden umgeben, die vierte Seite, zugleich die Zufahrt, war offen.
>
> Ich war etwa einige Tage im Sandlager, als ich den Befehl aus Flossenbürg erhielt, in einem nahegelegenen Lager, das ich als Waldlager bezeichnen möchte, eine Entlausungsaktion durchzuführen und die ärztliche Betreuung der Häftlinge zu organisieren. Ich hielt mich etwa 14 Tage in diesem etwa 8 bis 10 km entfernten Lager auf. Dieses Lager befand sich unmittelbar unter der Festung Königstein auf halber Höhe am Berg. [...] Ich war nicht Kommandoführer dieses Lagers. Weder damals noch zu einem späteren Zeitpunkt. Dies war vielmehr ein Oberfeldwebel, ein Mann mit Fronterfahrung. [...] Die Aktion war etwa zur Zeit des Bombenangriffs auf Dresden abgeschlossen. Ich kehrte etwa am 14. oder 15. Februar 1945 in das Sandlager zurück.

> Bei meiner Ankunft stand vor dem Lager eine Pferdewagen, auf dem 6 oder 7 kranke Frauen verladen und weggebracht wurden. Der Wagen war der Anfang eines langen Zuges weiblicher Häftlinge, die in eine unbekannte Richtung abmarschierten. Ich weiß nicht, um welche Häftlingsfrauen es sich dabei handelte. Ich weiß auch nicht, unter welcher Führung sie waren. Ich vermutete, daß es Frauen aus Dresden waren, die sich nach dem Bombenangriff ins Lager Zatschke [sic] begeben haben."[130]

Die tatsächliche Herkunft der Frauen zu diesem Zeitpunkt ist fraglich. Es könnte sich unter Umständen sogar um einen Todesmarsch aus dem Konzentrationslager Auschwitz oder Groß Rosen gehandelt haben, dessen verbliebene Häftlinge auf dem Weg in andere Konzentrationslager waren.
Die Häftlinge aus den Dresdner Außenlagern scheinen jedenfalls erst danach einzutreffen. Erich von Berg schließt an:

> „Etwa 10 Tage nach diesem Vorfall traf eine Gruppe von Häftlingen aus Dresden, hauptsächlich Frauen, nur wenige Männer, in Zatschke [sic] ein. Das muß der Schmerse gewesen sein, der Kommandoführer des Lagers Bernsdorf und Co. in Dresden, der mich dort abgelöst hat. Schmerse blieb mit seinen Leuten eine Zeit lang im Lager. Ich hatte die Gruppe in einer Baracke hinten rechts in der Sandgrube, von der Zufahrt aus gesehen, untergebracht. Die Gruppe blieb streng getrennt von mir und meinen Leuten. Ich habe damit weder verwaltungsmäßig noch sonst zu tun. Es ist richtig, daß in der Unterkunft der Gruppe Schmerse keinerlei Waschgelegenheit vorhanden war."[131]

Tatsächlich lässt sich belegen, dass Oberscharführer Schmerse, die Angelegenheiten seines Kommandos von Zatzschke aus

130 BArch B 162 / 16167 S.419f. -VP Erich von Berg. 20.01.1978
131 BArch B 162 / 16167 S.420 -VP Erich von Berg. 20.01.1978

koordinierte und hier auch handschriftliche Schreiben an die Kommandantur Flossenbürg aufsetzte.[132] Lagerbereiche und Zuständigkeiten blieben also voneinander getrennt

Obwohl Dresden nur etwa 20km von Pirna entfernt liegt, sollen die am 14. Februar aus Dresden evakuierten KZ-Häftlinge auf der kurzen Strecke jeweils einmal in einem Sägewerk und in Holztrockenkammern übernachtet haben und demzufolge erst einige Tage nach dem Luftangriff, wahrscheinlich am 16. Februar in Mockethal eingetroffen sein. Ruth Alton, vormals Tauber geht von zwei provisorischen Übernachtungen auf dem Marsch aus und erinnert 1961:

> „Wir gehen bis es dunkel wird, und wir ein Sägewerk erreichen. Man führt uns in die an allen vier Seiten offene Halle desselben, wo wir die Nacht verbringen. Es war Februar und bitterkaltes und nasses Wetter. Am nächsten Morgen geht die Wanderung weiter. Wir sind jetzt auf dem Weg von Dresden nach Pirna. Erst am Abend dürfen wir wieder rasten. Wir sind hungrig wie die Wölfe, und das bisschen Suppe, das wir bekommen, gibt uns nicht annähernd das Gefühl einer Sättigung.
>
> In dieser Nacht schliefen wir in Holztrockenkammern. Es waren dies kleine, ganz niedrige Räume, in die wir durch eine Luke hineinklettern mussten. Nachdem man ungefähr 80 Personen in so eine dunkle Kammer hineingestopft hatte, schloss man dieselbe von außen ab. Hier verbrachten wir, einer an den anderen gedrückt, die Nacht. Wenn man sich aus Versehen einmal aufrecht hinsetzte, stieß man mit dem Kopf an die Decke des Raumes. Aber wenigstens war es warm. Einige munkelten, dass man uns nie mehr aus diesen Kammern herauslassen würde, aber am Morgen wurden die Klappen geöffnet, und wir krochen steif und übernächtigt wieder ans Tageslicht.

[132] Vgl. Pascal Cziborra. KZ Dresden Striesen. S. 134f. & S.80ff. & S.121ff.

> Dann ging es weiter, natürlich ohne Frühstück. Am späten Abend erreichten wir ein Durchgangslager bei Pirna, in dem wir einige Wochen blieben.“[133]

Um welche Sägewerke es sich genau handelte ist nicht überliefert. Hinweise aus der Leserschaft wären hilfreich.
Der Mockethaler Wachmann Mathias Ostertag konstatiert:

> „An die Bombardierung von Dresden erinnere ich mich noch sehr gut, weil wir am anderen Tag alle wie die Kaminkehrer aussahen, schwarz von Ruß und Asche, die aus Dresden bis zu uns herübergeweht wurde. Kurze Zeit nach der Bombardierung kamen Frauen zu uns ins Lager. Es waren mehrere Frauen, mindestens 30[134]. Sie waren etwa 5 bis 6 Wochen bei uns und wurden dann nach Dresden zurückgebracht.“[135]

Besonders merkwürdig an dieser Aussage ist die quantitative Dimension der evakuierten Frauen, insbesondere im Vergleich mit der Aussage Franz Fürstners, der mit leicht verzerrter Datierung protokollieren lässt:

> „Ende März 1945 – es war zum Zeitpunkt knapp nach der Bombardierung von Dresden – kamen ca. 1000 Häftlingsfrauen aus dem Arbeitslager Dresden-Kommando in unser Lager, wo wir für deren Unterkunft bereits einige Baracken erbaut hatten. Diese Frauen wurde vorwiegend für landwirtschaftliche Arbeiten im Lagergebiet (Kartoffelbau udgl.) verwendet.“[136]

Wieviele Häftlinge es tatsächlich waren, lässt sich mangels entsprechender Dokumente und Meldungen nur schwer feststellen und in Zukunft bestenfalls grob rekonstruieren. Es ist aber recht wahrscheinlich, dass neben den etwa 400 Häftlingen aus der

---

[133] Ruth Alton. Deportiert von den Nazis. S.79
[134] Hier ist nicht die Anzahl der SS-Frauen also der Aufseherinnen gemeint.
[135] BArch B 162 / 16167 S.377 -VP Mathias O. 27.04.1977
[136] BArch B 162 / 16166 S.42 -VP Franz F. 29.11.1967

Schandauer Straße[137], ca. 250 Frauen und 150 Männer, auch die überlebenden Frauen vom Kommando Universelle, welches ursprünglich 700 Frauen zählte, angeschlossen wurden.
Von einer vorübergehenden Einquartierung in Zatzschke sprechen auch Anneliese Mietke[138], Mathilde Grascha[139] und Hedwig Köhler[140] des Lagers für die Universelle Maschinenfabrik. Ihre Erlebnisse schildern sie 1945 wie folgt:

> „Während des Bombardements auf Dresden (13.2.1945) wurden wir von unserer Bewachung (SS Männern) in dem Keller der Fabrik eingeschlossen, während die SS. das Weite suchte. Die Fabrik wurde bereits bombardiert und wir befanden uns noch im Keller, von dem schon die Wände einstürzten. Niemand kam uns zur Hilfe und nirgends fanden wir einen Ausgang, da ja auch das Licht erloschen war. Erst durch den Luftdruck einer niedergehenden Bombe sprang die Tür auf und wir stürzten uns ins Freie. Es ist uns heute noch ein Wunder, daß wir überhaupt am Leben sind. Viele unserer Kameraden waren bereits tot und wir mußten über Leichen gehen und durch Flammen rennen, nur um die Straße zu erreichen. Wir irrten in den Straßen Dresdens herum, bis wir am anderen Morgen von Aufseherinnen ergriffen und in den Bunker des Hauptwerkes der Firma Universelle in der Zwickauer Straße gebracht wurden, wo wir auf den [sic] na[c]kten Fußboden schlafen mußten. Hier verblieben wir ca. 14 Tage und wurden dann in das Ausweichlager Zatzschke gebracht. Hier befanden sich bereits 400 Häftlinge (männliche und weibliche, selbst Kinder[141]) In den Räumen unserer Baracke bafanden sich weder Betten noch Waschgelegenheiten sowie Aborte. Auch hier mußten wir, nur mit einer dünnen Decke versehen, auf

[137] Vgl. Pascal Cziborra. KZ Dresden Striesen
[138] FloNo.: 62507
[139] FloNo.: 62634
[140] FloNo.: 57293
[141] Der jüngste KZ-Häftling des Außenlagers Dresden Striesen war 5 Jahre alt. Vgl. Pascal Cziborra. KZ Dresden Striesen. S.170ff.

den Fußboden schlafen. Es wurde auch keine Rücksicht auf Kranke genommen, auch für sie beschaffte man weder Stroh noch Bett. Die jüdischen Häftlinge hatten noch nicht einmal eine Decke. In unserem Raum wurde einfach eine alte Lore aufgestellt, ohne Deckel in die wir unsere Notdurft verrichten mußten. Bei dieser verpesteten Luft mußten wir schlafen, denn die Fenster durften nicht geöffnet werden. Sogar das Wasser wurde uns zugeteilt, so erhielten wir jeder eine Tasse Wasser, zu der wir auch noch trinken mußten. Als die Lagerleitung sich einmal an den Gastwirt der „Weißen Taube" mit der Bitte um Wasser wandte, da sich im Lager keine Wasserleitung befand, gab Leubner zur Antwort, daß er für Häftlinge kein Wasser habe, der Brunnen würde sich erschöpfen.

Als Essen bekamen wir Kartoffeln mit Schalen in Wasser gekocht als Suppe und zwar am Tage ½ Liter, abends bekamen wir 150 gr. Brot.

Wäsche erhielten wir auch nicht zum Wechseln. Wir waren gezwungen ständig in unseren Kleidern zu bleiben, da uns ja keine Betten zur Verfügung standen. Es war ein Bild des Grauens, die abgemagerten Menschen und kranken Menschen am Boden liegen zu sehen.

Oft kamen wir tagelang nicht ins Freie und dann nur auf einige Minuten. Hier wurden wir von Aufseherinnen, die alle mit Knüppeln versehen waren, bewacht. Wir mußten ohne jegliche Kopfbedeckung im Kreis herumlaufen. Dies war für uns besonders hart, da man uns, als wir nach Dresden auf Transport kamen, sämtlich die Haare abgeschnitten hatten und zwar ganz kahl. Dies tat man deshalb, damit wir bei einen evtl. Fluchtversuch leicht erkennbar waren.

Eine andere Aufseherin, mit Vornamen „Herta", welche früher als Kellnerin in der „Blauen Maus" tätig war, betrog uns sogar noch um die schon so knapp bemessene Brotration.

Infolge der schlechten Ernährung und Fehlen von Medikamenten erkrankten viele Häftlinge und starben täglich mehrere. Sie wurden einfach jeder Kleidung entblößt, vor das Fenster der Baracke gelegt und blieben dort tagelang liegen, bis wieder einige hinzukamen. Dann wurden sie zur Beisetzung nach Lohmen geschafft, Leiche über Leiche gelegt. Zuletzt gab man sich gar nicht mal die Mühe, sondern legte sie einfach hinter das inzwischen provisorisch erbaute Klosett, wo sie nach Tagen im Freien verbrannt oder im angrenzenden Busch verscharrt wurde.“[142]

Diese Schilderungen verdeutlichen die katastrophalen Unterbringungsbedingungen im Ausweichlager-Zatzschke, das offensichtlich auch unter den Frauen des Außenlagers Dresden Universelle Maschinenfabrik etliche Todesopfer forderte. Konkrete Todesfälle werden für die Bombardierung und den Aufenthalt im Ausweichlager in den Flossenbürger Nummernbüchern allerdings nicht verzeichnet.[143] Die Haftbedingungen waren im Vergleich zur Mockethaler Stammbelegschaft aber deutlich härter. Über die Behandlung der jüdischen Häftlinge im Ausweichlager heißt es:

> „Besonders hart wurden auch die Juden behandelt. Man schlug wahllos mit Knüppeln auf sie ein, ohne Rücksicht auf Kranke und Kinder. Die Männer mußten im Steinbruch arbeiten, [...].“[144]

Über die Ankunft des Transportes aus dem Außenlager Bernsdorf & Co. äußert Kapo Paul Kraft:

> „Die Frauen kamen nach der Bombardierung von Dresden in unser Lager. Es waren viele Frauen und alle Häftlinge standen am Tor, als sie kamen. Die Frauen kamen aus einer ehemaligen Zigarettenfabrik in Dresden, in der aber keine Zigaretten mehr hergestellt wurden [...] Es

[142] Bericht Mietke/Grascha/Köhler Mockethal, den 18.9.1945
[143] Vgl. Pascal Cziborra. KZ Flossenbürg. Gedenkbuch der Frauen
[144] Bericht Mietke/Grascha/Köhler Mockethal, den 18.9.1945

> waren lauter Ausländerinnen, keine Deutschen[145]. Die Frauen wurden auf zwei oder drei Baracken, die bereits fertig waren, verteilt. Es waren einige SS-Aufseherinnen dabei, von denen eine Margot Schade und eine Hanna Weber hießen. Beide stammten aus Dresden. Es waren noch zwei oder drei Aufseherinnen dabei, von denen ich aber keine Namen mehr weiß."[146]

Bei der Ankunft der Häftlinge aus dem Dresdner Außenlager Bernsdorf & Co. nimmt die männliche Stammbelegschaft scheinbar in erster Linie die jüdischen Frauen, überwiegend aus Polen, wahr. Dass aber auch ein Teil Männer zu dem Transport gehörte, ist unbestritten und wird auch von SS-Oberscharführer Erich von Berg so bestätigt. Wachmann Ferdinand Leimeter von dessen separaten Kommando äußert außerdem:

> „Das Frauenlager war in Zatschke [sic!] vom Männerlager völlig getrennt. Ich weiß nicht, was dort passiert ist, ich erinnere mich aber noch daran, daß es verschiedentlich ein Gekreische und ein Geschrei gegeben hat und dann hörte man die männliche Stimme „Ruhe" brüllen und vernahm einige Schüsse, die er offensichtlich in die Luft abgegeben hat. Es war dann auch immer Ruhe. Wie dieser Offizier hieß, weiß ich nicht. [...] Die Frauen waren nur kurze Zeit, höchstens drei Wochen im Lager und sie wurden dann weggebracht, genau weiß ich nicht wohin, ich nehme aber an, daß sie nach Dresden kamen."[147]

Nachdem nach und nach Häftlinge in die Schandauer Straße in Dresden zurückgekehrt waren, wurde zuletzt in der Tat Mitte oder Ende März eine größere Gruppe Frauen zurück nach Dresden beordert.[148] Mit ihnen dürften auch die Frauen des Kom-

---

[145] Dies ist nicht ganz richtig, u.a. war die Berliner Jüdin Tauber darunter.
[146] BArch B 162 / 16167 S.357 -VP Paul K. 29.07.1976
[147] BArch B 162 / 16167 S.398 -VP Ferdinand L. 23.06.1977
[148] Vgl. Pascal Cziborra. KZ Dresden Striesen. S.90f.

mandos Universelle das Ausweichlager verlassen haben. So heißt es im Bericht Mietkes, Graschas und Köhlers:

> „In Zatzschke verblieben wir einige Wochen bis auf einmal 1000 Männer-Häftlinge aus dem KZ-Flossenbürg nach hier kamen. Nun ging es zu Fuß nach Dresden. Die Juden zur Firma „Jasmatzi“[149] und wir zur „Universelle“. Auch hier war unser Lager der bloße Fußboden. In Dresden wurden wir zu Aufräumungsarbeiten eingesetzt. [...] Von den 700 Frauen waren nur noch 85 übrig geblieben. Viele der Kameradinnen sind bei dem Bombardement auf Dresden ums Leben gekommen. Andere hatten die Flucht ergriffen, denn das Leben war kaum noch zu ertragen.“[150]

Ob die Räumung des Lagers in Zusammenhang mit der Ankunft und der Unterbringung eines Transportes aus Flossenbürg steht, ließ sich bislang nicht klären.
Bei Erich von Berg kam der Abzug Schmerses mit seinem Kommando Dresden Bernsdorf aber anscheinend recht überraschend. Er gibt zu Protokoll:

> „Schmerse zog eines Nachts mit seinen Leuten ab. Ich weiß nicht genau wann das war. Er meldete sich auch nicht bei mir ab. Das kam wohl daher, daß wir des öfteren Auseinandersetzungen hatten.“[151]

Nur etwa 40 jüdische Männer aus Schmerses Kommando blieben zurück. Einer dieser später nach Mockethal-Zatzschke fest überstellten polnischen Juden war Symcha Eilenberg. Er gibt 1971 über seine Kriegserfahrungen zu Protokoll:

> „Nach mehreren Tagen Fußmarsch kamen wir in Pirna-Mockethal an. Dort musste ich zunächst beim Bau von

[149] „Jasmatzi“ ist der Name der Zigarettenfabrik, in deren Räumlichkeiten das Metallwerk-Striesen eingerichtet wurde.
[150] Bericht Mietke/Grascha/Köhler Mockethal, den 18.9.1945
[151] BArch B 162 / 16167 S.420 -VP Erich von Berg. 20.01.1978

> Baracken mithelfen. Das Lager Pirna-Mockethal schien mir ein Durchgangslager zu sein, weil häufig Transporte von Häftlingen hereinkamen und dann nach kurzem Aufenthalt wieder weggebracht wurden. Ich kann nicht genau sagen, wie viele Häftlinge dort untergebracht waren. Der Wohnraum reichte jedenfalls nicht aus für alle Häftlinge im Lager, so daß viele, darunter auch ich selbst, in den ersten Wochen im Freien nächtigen mussten. Eines Tages wurde die Gruppe der Häftlinge, die kein Dach über dem Kopf hatten, gefragt, wer von ihnen hart arbeiten wolle. Ich habe mich gemeldet und kam dann zusammen mit den anderen, die sich ebenfalls gemeldet hatten, in eine Baracke. Alle übrigen mussten weiterhin im Freien übernachten. Die Häftlinge mussten verschiedene Arten von Arbeiten verrichten. Zum Beispiel musste ich gelegentlich mit zu den Vorratsräumen des Lagers, um dort die für die Lagerküche bestimmten Esswaren auszuwählen.“[152]

Vor allem diejenigen jüdischen Männer des Kommandos Dresden Bernsdorf & Co., die dauerhaft in Mockethal-Zatzschke verblieben, und sich möglicherweise zur Verbesserung ihrer Unterkunft freiwillig dazu meldeten, geben an, auch beim Stollenbau eingesetzt worden zu sein. Szmuel Krzepic[153] erklärt:

> „Bei unserer Ankunft ins Lager Pirna waren schon dort etwa 100 Häftlinge. Lagerkommandant war dort Oberscharführer von Berg. Das Lager war im Stadium des Aufbauens, wir Häftlinge wurden beschäftigt im Steinbruch unter Aufsicht von TODT-Männer. Nach kurzer Zeit wurde ich mit einer Gruppe zurück ins Lager zum Barackenbau genommen.“[154]

[152] BArch B 162 / 16166 S.155 -VP Sam E. 09.07.1971
[153] FloNo.: 38460
[154] Aussage Szmul K. BArch B 162 / 16166 S.163 – 23.02.1970

Bei Samuel L.[155] heißt es ähnlich:

> „Ich bin in Pirnau [sic!] geblieben. Eine andere Gruppe von Häftlingen, eine kleine Gruppe, wurde nach Dresden zurückgeführt, um das Lager aufzuräumen.[156] Das Lager Pirnau [sic!] war ganz neu. Wir fanden leere Baracken vor. Es gab kein Bett, keinen Tisch und keinen Stuhl. [...] Wir waren in dem Lager etwa 40 Männer[157] und 70-80 Frauen. Das Lager war mit Stacheldraht umgeben, der aber nicht elektrisiert war. Es gab Wachtürme[158], meiner Erinnerung nach vier. Wir Männer haben in einem Steinbruch gearbeitet, zu dem wir drei bis vier Kilometer marschieren mussten. Wir haben einen Tunnel in den Berg gegraben. Dort haben auch Italiener gearbeitet. Die Frauen haben nicht gearbeitet."[159]

Simon Fridmann[160] lässt protokollieren:

> „Am 14.2.1945 kam ich in das Arbeitslager Zatschke [sic!] bei Pirna. Eine andere Bezeichnung dieses Lagers ist mir heute nicht mehr in Erinnerung. Hier verblieb ich bis zum 7.5.1945. An diesem Tag wurden wir durch die russischen Streitkräfte befreit.
>
> Im Lager Zatschke waren die Häftlinge in Holzbaracken untergebracht. Wir lagen auf dem Fußboden ohne jegliche Unterlage. Das Lager war mit einem Stacheldrahtzaun umgeben und zudem von Posten bewacht. Wie hoch die Anzahl der Insassen des Lagers war, weiß ich heute beim besten Willen nicht mehr zu sagen. Ich kann

---

[155] FloNo.: 38471

[156] Dieser Gruppe gehörte wahrscheinlich laut Roman Halter etwa 50 Männer an, und befand sich nur ein paar Tage in Pirna.

[157] Vermutlich ist hier die Zahl der männlichen Häftlinge aus Dresden gemeint, die später auch offiziell ins Außenlager Mockethal-Zatschke überstellt bzw. übernommen wurden.

[158] Die ehemaligen Wachmänner sprechen von vier Posten, Wachtürme seien nicht gebaut worden.

[159] Aussage Samuel L. BArch B 162 / 8329 S.300 – 24.03.1970

[160] FloNo.: 38413

> mich jedoch noch daran entsinnen, daß die Häftlinge überwiegend aus Juden und einigen wenigen Belgiern bestanden. Ich gehörte einem Arbeitskommando an, welches einige Kilometer vom Lager entfernt, Stollen in ein Gebirge trieb. In diese Stollen sollten später angeblich Benzinfässer gelagert werden. Der Arbeitseinsatz wurde von der Organisation Todt (OT) geleitet."[161]

Bei Morris G.[162] heißt es was den Evakuierungsablauf und die Beaufsichtigung des Arbeitseinsatzes in Pirna, sowie die Personenzahl der Evakuierten angeht, abweichend:

> „Am 13. Februar 1945 wurde Dresden bombardiert. Wir wurden am nächsten Morgen evakuiert. Wir sind nach Pirnau [sic!] marschiert. Wir sind etwa 12 Stunden marschiert. Um 4 oder 5 Uhr nachmittags kamen wir an.[163] Der Name Pirna-Mockethal, den ich in der Ladung gelesen habe, sagt mir nichts. [...] Die mir vorgehaltene Tarnbezeichnung Arbeitslager Zat[z]schke-Mockethal-Dachs VII-OT ist mir nicht bekannt. Pirnau [sic!] war kein großes Lager. Es gab dort 8 oder 10 Baracken. Das Lager war mit Stacheldraht umgeben. Man hat gesagt, der Draht war elektrisch[164] gesichert, ich kann das aber nicht mit Bestimmtheit sagen. An jeder Ecke war ein Wachturm[165] Es gab im Lager eine Küche. [...] An ein Krankenrevier kann ich mich nicht erinnern. Ich kann schlecht sagen, wieviele Häftlinge in Pirnau waren. Aus Dresden kamen wir mit 850 Häftlingen. Wenn mir vorgehalten wird, daß das ganze Lager nur 100 Häftlinge[166] gehabt haben soll, so stimmt das nicht. Wir waren allein über 400 Männer, ich glaube, es waren 430 Männer.

[161] BArch B 162 / 16166 S.132f. -VP Simon F. 05.02.1970
[162] FloNo.: 38422
[163] Laut Ruth Alton geschah dies zwei Tage später.
[164] Andere Zeugen verneinen das explizit.
[165] Gemeint ist wohl ein Wachposten. Laut Wachmannschaft wurden keine Wachtürme gebaut. Es gab aber vier Postenpunkte.
[166] Hier ist die Zahl der Stammbelegschaft gemeint.

Dazu kamen Frauen. Vor den Häftlingen aus Dresden waren schon andere Häftlinge in dem Lager. Die Frauen waren in einer besonderen Baracke untergebracht. Eine Frau hat aufgepasst, daß die Frauen sich nicht mit den Männern vermischten [...] In Pirnau [sic!] haben wir in einer Steingrube gearbeitet. Es wurde ein Tunnel in einen Berg hineingetrieben. Ich weiss nicht, wofür dieser Tunnel bestimmt war. Die Arbeitsstelle war 2,3 Kilometer vom Lager entfernt. Wir wurden mit den Lastwagen dorthin gefahren. Die Häftlinge, die dort zusammen arbeiteten, waren nicht in ihrer Kleidung als Häftlinge gekennzeichnet. Nur wer außerhalb beim Straßenbau und-so-weiter arbeitetet, hatte ein Kreuz auf dem Rücken der Kleidung gemalt. Wir wurden von SA bewacht. [...] Es war SA. Meist handelte es sich um Männer, die verwundet von der Front zurückgekommen waren.. Sie trugen grüne Uniformen. Sie haben nicht wie die SS das doppelte SS-Zeichen, das wie ein Blitz aussah, auf dem Arm getragen. Sie haben auch gelbe Hemden getragen. Ich glaube, auf dem Kragenspiegel stand SA. Die mir vorgehaltene Bezeichnung OT – Organisation Todt – sagt mir nichts.“[167]

Sollten tatsächlich 850 Häftlinge aus Dresden nach Mockethal vorübergehend umquartiert worden sein, so ist mindestens auch die größere Gruppe von Frauen aus dem Kommando Universelle Maschinenfabrik J.G. Müller & Co. (Florastraße 14)[168] hinzugerechnet bzw. angeschlossen worden. Bei deutlich über 400 Männern, müssten auch mehr als 150 Häftlinge aus einem anderen Männerlager vorübergehend nach Mockethal-Zatzschke umquartiert worden sein. Vermutlich liegen aber auch bei Morris G. leichte Erinnerungstäuschungen und Schätzungsungenauigkeiten vor. Aus dem Kommando Bernsdorf & Co dürften ca. 150 Männer und etwa 250 Frauen nach Pirna evakuiert worden sein, die zuvor größtenteils bereits die Konzentrationslager

[167] Aussage Morris G. BArch B 162 / 8329 S.295f. – 31.03.1970

[168] Ulrich Fritz. Dresden (Universelle). In. Der Ort des Terrors 4 S.101

Auschwitz-Birkenau und Stutthof durchlaufen hatten.[169] Dass die Frauen in Pirna nicht arbeiten mussten, wie dies Lipmanowicz andeutet, stimmt aber wohl nur zum Teil. Ruth Alton, vormals Tauber, berichtet:

> „Das Schlimmste aber war, dass einige, zu denen auch ich gehörte, schwer arbeiten mussten. Wir hatten Baumstämme zu schleppen, und Ziegel und Röhren zu tragen. Wenn wir nicht genug leisteten, oder es nicht schnell genug ging, bekamen wir zur Strafe keine Suppe.
> In Pirna gelang es Betty, in der Lagerküche unterzukommen; so konnten wir uns beide über Wasser halten. Viele, viele Menschen gingen zu Grunde."[170]

f) Todesfälle unter den jüdischen Evakuierten

Einen wesentlichen Bestandteil der Opferbilanz des Außenlagers Mockethal-Zatzschke stellen spätere Tote aus den evakuierten Außenlagern aus Dresden dar. Die Aussagen der Zeitzeugen suggerieren dabei allerdings deutlich mehr Todesfälle, als in den Flossenbürger Nummernbüchern offiziell verzeichnet wurden. Dabei erwies sich aber längst nicht jeder konkrete Hinweis auf ein Todesopfer als stichhaltig. Laut Morris G.[171] soll es bereits auf dem Marsch von Dresden nach Pirna zu Erschießungen gekommen sein. Da einzelne Leichen theoretisch auch mit nach Mockethal-Zatzschke überführt worden, und erst dort bestattet sein könnten, sollen auch diese Fälle hier thematisiert werden.
Morris G. lässt protokollieren:

> „Auf dem Weg von Dresden nach Pirnau [sic!] sind drei oder vier Häftlinge erschossen worden. Einer von ihnen hieß Sandberg. Ein anderer hieß Bendek oder Bendex. Ich glaube, sie stammten beide aus Lodz. Sie wurden erschossen, weil sie das Laufen nicht mehr mitmachen

[169] Vgl. Pascal Cziborra. KZ Dresden Striesen.
[170] Ruth Alton. Deportiert von den Nazis. S.80
[171] FloNo.: 38422

> konnten. Ich habe das nicht selbst gesehen. Ich habe aber die Schüsse gehört. Sie wurden nicht alle zusammen erschossen, sondern einzeln bei verschiedenen Gelegenheiten. Der Marsch ging meistens durch Wälder. Sie wurden bei Marschpausen von den Wachen in den Wald genommen. Von dort haben wir Schüsse gehört. Eine halbe Stunde später kamen dann die Wachen allein zurück. Es mussten auch ein paar gesunde Häftlinge mit Schaufeln mitgehen. Ich kann nicht mehr sagen, wer von den Häftlingen mitgehen musste."[172]

Die namentlichen Nennungen verweisen hierbei wahrscheinlich auf Chaim Zandberg[173], der in Zatzschke ankam und die spätere Evakuierung nach Leitmeritz nachweislich überlebte und Markus Bender[174], der bereits in Dresden verstorben war. Die Stichhaltigkeit solcher Beobachtungen, ist also genauestens zu prüfen. Auch muss in Betracht gezogen werden, dass Erschießungen nur vorgetäuscht werden konnten und geschwächte Häftlinge laufen oder im Wald zurückgelassen worden sein könnten.[175] Bei Abraham K.[176] heißt es nämlich:

> „Befragt über Tötungen am Marsche, erkläre ich, dass laut meiner Erinnerung keine Eschießungen erfolgten, ich weiß nur von Misshandlungen der aufgegriffenen Flüchtlinge."[177]

Es sollte daher in Betracht gezogen werden, dass es während der Evakuierung von Dresden nach Pirna im Februar 1945 gar keine Erschießungen oder andere Todesfälle gab.
Die nächsten Todesfälle werde dann mit dem Tag der Ankunft in Pirna verbunden. Israel K.[178] lässt 1967 protokollieren:

---

[172] Aussage Morris G. BArch B 162 / 8329 S.296 – 31.03.1970
[173] FloNo.: 38565
[174] FloNo.: 38375
[175] Vgl. Aussage Israel K. BArch B 162 / 8329 S.164 – 17.12.1967 (s. u.)
[176] FloNo.: 38450 Vgl. Cziborra KZ Drseden Striesen S.193
[177] Aussage Abraham K. BArch B 162 / 8328 S.148 – 15.10.1967
[178] FloNo.: 38439

> „Ich blieb mit dem Reste in Pirna. Gleich nach Ankunft nach Pirna wurden wir einer Selektion untergeworfen. Meines Erachtens hatte die Aussonderung ein Kapo getroffen, es war ein Deutscher[179] mit rotem Dreieck auf der Brust, es war ein hochgewachsener – hagerer Mann mit grausamen Gesichtsausdruck. In der selben Nacht wurden Schüsse gehört. Am nächsten Morgen wurde ich mit weiteren dreien von uns betraut 6-7 erschossene Leidensgenossen begraben zu gehen. Auf einem kleinen LKW wurden die Leichen auf einen nahen Dorffriedhof gebracht und ich habe sie mit den Kameraden bestattet. Unter den Erschossenen war auch mein Bekannter namens Birnbaum, damals etwa 21 Jahre alt.“[180]

Die Personenbeschreibung des vermeintlichen Täters verweist hier zunächst einmal auf Karl Popowski, den Kapo der Stammbelegschaft, der als reichsdeutscher und politischer Häftling registriert ist. Aber auch bei dieser Zeugenschilderung machen die Angaben zum Opfer Probleme. So starb der erwähnte Chaim Birenbaum erst am 11. Mai nach der Befreiung in Thereseinstadt, zum anderen wird keine Häftlingsgruppe dieser Größe als ‚verstorben' im Nummernbuch abgemeldet. Sollte es die erwähnte Selektion und Erschießung tatsächlich gegeben haben, so dürfte es sich um Todesopfer handeln, die nicht bei der Kommandantur Flossenbürg als Abgang gemeldet wurden. Die geschilderte Begebenheit wirkt sonst recht glaubwürdig und verweist auf die Beerdigung verstorbener Häftlinge in Lohmen.
Der Fall des Israel K. ist aber insofern recht spannend, da ein zweites Vernehmungsprotokoll aus dem Jahr 1970 vorliegt. Darin heißt es dann bezüglich der geschilderten Begebenheit:

> „Häftlinge aus meiner Kolonne welche abgeschwächt waren bei Ankunft im Lager Pirna – wurden in der selben Nacht erschossen. Ich habe die Schüsse gehört – bei Nacht – und am Morgen habe ich die Leichen von 4-5

[179] Der deutsche Kapo in Mockethal soll Karl Popowski FloNo.: 32037 gewesen sein.
[180] Aussage Israel K. BArch B 162 / 8328 S.164 – 17.12.1967

> Häftlingen – begraben. Es wurde gesprochen, dass die Erschießung durch den Lagerführer aus Pirna und seine Lagerbesatzung durchgeführt wurde.“[181]

Dabei fällt auf, dass scheinbar nicht nur die Anzahl der Toten recht variabel, sondern auch die Tatbeteiligten unsicher sind. Wieviel Wahrheit in der Aussage steckt, muss sich erst noch zeigen. Mit jedem bekannten Überlebenden und verlässlich dokumentierten Todesfall, kann die Zahl und der Kreis potenzieller Opfer immer weiter eingegrenzt werden und es sind Konkretisierungen und Annäherungen an die Wahrheit möglich. Aber auch in diesem Fall ist es möglich, dass es eine derartige Selektion und Erschießung in Pirna-Mockethal gar nicht gegeben hat. Auch während der folgenden Lagerzeit soll es in Mockethal-Zatzschke zu weiteren Todesfällen und Häftlingstötungen gekommen sein. Dabei ist auffällig, dass auch Samuel L..[182] entweder den Kapo Karl Popowski, den Schweizer Paul Kraft oder gar den Österreicher Franz Fürstner belastet. Es heißt:

> „’Lagerführer’ war ein österreichischer Häftling. Er war schlimm. Ich habe zweimal gesehen, wie er Häftlinge zu Tode geschlagen hat. Einen Häftling hat er einfach unters Herz geschlagen, so daß dieser tot umfiel. Dieser erschlagene Häftling hieß Rosenblum.“[183]

Anhand der Schilderungen bleibt unklar, ob es sich um einen Häftling der Schandauer Straße oder um ein Stammbelegschaftsmitglied des Lagers Mockethal-Zatzschke handelt. Der jüdische Name ist aber unter den Mockethaler Stammhäftlingen nicht zu belegen. Sollte der Erschlagene also Motel Rosenblum[184] gewesen sein, so ist dessen Tod nicht in den Flossenbürger Nummernbüchern verzeichnet. Die Formulierung des Vernehmungsprotokolls schließt aber auch nicht explizit einen weiblichen Häftling aus und könnte theoretisch auch auf den Todesfall der

---

[181] Aussage Israel K. BArch B 162 / 8329 – 19.02.1970
[182] FloNo.: 38471
[183] Aussage Samuel L. BArch B 162 / 8329 S.301 – 24.03.1970
[184] FloNo.: 38508

Marian Rosenblum[185] verweisen. Bei Schilderungen des KZ-Totschlags muss aber auch immer berücksichtigt werden, dass nicht jeder Häftling, der beispielsweise bei einem Appell leblos zu Boden ging, auch tatsächlich starb. So berichtet Sam, vormals Symcha Eilenberg[186]:

> „Ich entsinne mich, daß ich einmal beim Essenfassen von einem Aufseher mit einem Stock so auf den Kopf geschlagen wurde, daß ich einige Zeit lang bewusstlos war. Als ich wieder zu mir kam, war die Zeit für das Essenfassen bereits vorbei."[187]

Augenzeugen solcher Vorfälle konnten diese später leicht für Totschlagsfälle halten. Daher sind bei der Aufarbeitung des Lagergeschehens, neben konkreten Identitätshinweisen, vor allem die Aussagen von Bestattungs- und Leichenkommdos gefragt. Eine derartige Aussage liefert Samuel L.:

> „Wir mussten sehr schwer arbeiten und waren hungrig. Wenn jemand sich beklagte oder krank wurde, kam er in ein Revier. Das war ein leerer Raum in einer Baracke. Dort gab es einen Arzt, der auch zivil trug. Er war kein Jude, er stammte nach meiner Erinnerung aus Lettland. Seinen Namen weiß ich nicht.[188] Wenn Häftlinge in das Revier eingeliefert wurden, haben wir sie am nächsten Morgen tot hinausgetragen. Ich schätze, daß 25 bis 30 Männer und Frauen auf diese Weise umgekommen sind. Ich weiß nicht, was mit ihnen geschehen ist. Vielleicht sind sie durch Injektionen getötet worden. Jedenfalls waren die Toten nicht zerschlagen und zeigten auch keine Schussverletzungen. Ich habe selbst beim Beerdigen geholfen. Wenn vier bis fünf Tote zusammen waren, wurden sie mit einem Wagen, ich glaube es war ein Last-

---

[185] FloNo.: 59849

[186] FloNo.: 38403

[187] BArch B 162 / 16166 S.156 -VP Sam E. 09.07.1971

[188] Ein lettischer Arzt konnte im Nummernbuch bislang nicht belegt werden. Vermutlich ist der polnische Arzt Jan Gryzkiewicz gemeint.

kraftwagen, zu einem kleinen Friedhof in der Nähe einer Schnapsbrauerei[189] gebracht. Dort haben wir sie zusammen in einem Grab beerdigt. Dabei wurden wir von einem SS-Mann bewacht. Ich erinnere mich noch an die Namen der Häftlinge Glicksmann und Korn, die auf diese Weise gestorben sind. Sie stammten beide aus Lodz."[190]

Auf dem bezeichneten Friedhof in Lohmen sollen 47 im Lager verstorbene KZ-Häftlinge beigesetzt worden sein. Ein Todesfall eines Häftlings namens Korn ließ sich bislang nicht nachweisen, alle drei Juden, die im Kommando Bernsdorf & Co. diesen Namen trugen, wurden später befreit. Möglicherweise liegt eine klangliche Verwechslung mit Samuel Kon vor, der bereits in Dresden verstorben war. Am 11. März 1945 wird aber ein Leiser Glücksmann[191] im Flossenbürger Nummernbuch aus der Lagerstärke abgemeldet. Er dürfte daher einer der ersten Häftlinge gewesen sein, die in Mockethal verstorben sind. Es folgen, was die Abmeldungsdaten angeht, am 14. März Mira Taflewicz[192], am 15. März Betty Idelowicz[193] und am 16. März Jakob Reder[194] sowie David Stillermann[195], dessen Tod im Nummernbuch explizit dem Lagerstandort Mockethal zugeschrieben wird. Es ist sehr wahrscheinlich, dass sie alle in Lohmen beigesetzt wurden.

Auch Marian Rosenblum[196], Ita Hajmann[197], Nacha Perlmutter [198], Israel Kivok[199], Baruch Kranz[200] und Artur Wolf[201] könnten

[189] Möglicherweise ist hier die Gastwirtschaft „Weiße Taube" gemeint.
[190] Aussage Samuel L. BArch B 162 / 8329 S.301 – 24.03.1970
[191] FloNo.: 38418
[192] FloNo.: 59902
[193] FloNo.: 59728
[194] FloNo.: 38501
[195] FloNo.: 38527
[196] FloNo.: 59849
[197] FloNo.: 59723
[198] FloNo.: 59815
[199] FloNo.: 38441
[200] FloNo.: 38453
[201] FloNo.: 38559

noch in Mockethal verstorben sein, da in Dresden keine Einäscherung oder Beisetzung dokumentiert ist. Die Frauen wurden am 20. und 26. März abgemeldet. Die drei Männer am 28. März. Dabei ist zu berücksichtigen, dass Todesfälle der Außenlager im Regelfall in den Nummernbüchern nicht rückdatiert wurden. Die genannten Datierungen stellen also lediglich den Zeitpunkt dar, wann meist postalisch gemeldete Sterbefälle, in die Häftlingsregister übertragen wurden. Die realen Todesfälle dürften sich einige Tage eher ereignet haben. Auch müssen nicht alle Häftlinge einer Sammelmeldung am gleichen Tag verstorben sein. Insgesamt dürfte es aber in der zweiten Februarhälfte und im März 1945 mindestens 11 Todesopfer der Metallressortgruppe aus Dresden gegeben haben, die sich wohl im Lager Mockethal-Zatzschke ereigneten und in den Nummernbüchern aus der Lagerstärke des in Pirna separierten Kommandos Bernsdorf bzw. für den Lagerstandort Mockethal abgemeldet wurden.[202]

g) März 1945: Die Flucht Rossis

Verwaltungstechnisch wurden die aus Dresden evakuierten Häftlinge nicht zur Lagerbelegschaft des KZ-Lagers Mockethal-Zatzschke gerechnet. Laut entprechender Stärkemeldungen, sollen sich per 28. Februar 1945 noch 95 Häftlinge in Mockethal befunden haben. Zieht man von ursprünglich 100 Überstellten, die zwei auf Transport geflohenen russischen Zivilarbeiter und den im Januar verstorbenen polnischen Zivilarbeiter, die am 23. Januar gemeinsam gemeldet bzw. im Nummernbuch der KZ-Kommandantur verzeichnet werden, ab, so hat es spätestens im Februar zwei weitere Todesfälle gegeben, die am 3. und 12. Februar gemeldet wurden, aber ebenfalls ein paar Tage eher erfolgten. Selbiges ist für den am 7. März verzeichneten Todesfall Jan Rajchels und die Flucht Raffaele Rossis[203], ein politischer Häftling aus Genua, anzunehmen. Es wäre sogar möglich, dass sich die Fälle noch vor dem Stichtag im Februar ereignet hatten.

---

[202] Vgl. Pascal Cziborra. KZ Dresden Striesen

[203] FloNo.: 40084

SS-Schütze Adam Frehr erinnert:

> „Ich weiß noch dunkel, daß einmal ein oder zwei Häftlinge entflohen sind, die nicht mehr gefunden wurden. Die SS-Bewachungsmannschaft musste damals suchen, es wurde auch die Polizei eingesetzt, aber ohne Ergebnis. An einen konkreten „Anpfiff" der SS-Bewachungsmannschaft in diesem Zusammenhang kann ich mich nicht erinnern. Ich vermute allerdings, daß mit ein Grund für die Abberufung des Oberscharführers dieser Vorfall war. Es handelt sich dabei aber lediglich um meine ganz private Vermutung. [...] Während meiner Zeit spielte sich das gesamte Lagerleben in der einen Baracke ab, die bereits bei unserem Eintreffen vorhanden war. Es wurde zwar in der Kiesgrube gebaut, aber meiner Erinnerung nach waren die neuen Gebäude nicht belegt."[204]

Die Verknüpfung des Fluchtvorfalls mit dem Funktionärswechsel an der Spitze des Lagers verweist auf die Ablösung Plagers durch von Berg bis spätestens Mitte Februar 1945. Wahrscheinlich fand der Wechsel aber schon im Januar statt. Möglicherweise werden hier die Erinnerungen an beide Fluchtvorfälle miteinander vermischt. Rossi könnte aber wie die dokumentierte Lagerstärke vorgibt, durchaus im Februar geflohen sein. Der ehemalige Kapo Paul Kraft lässt protokollieren:

> „Ich glaube mich dunkel zu erinnern, daß einmal einer gesucht wurde, der weggelaufen war. Aber zurückgebracht und erhängt wurde niemand. Das würde ich noch wissen."[205]

Wachmann Ferdinand Leimeter berichtet:

> „Es sind des öfteren Häftlinge entwichen, so auf dem Transport von Flossenbürg nach Pirna, wo ein Häft-

[204] BArch B 162 / 16167 S.341f. -VP Adam F. 23.06.1976
[205] BArch B 162 / 16167 S.358 -VP Paul K. 29.07.1976

> ling[206] aus dem Zug sprang und einmal nachts kurze Zeit nach Beginn des Lagers in Pirna. Damals stand der Kollege Baranaj Posten. Diesem Häftling gelang es durch eine Mulde, die nur wenig von dem Posten entfernt war, aber nicht eingesehen werden konnte, zu entweichen. Ich weiß, daß Baranaj daraufhin nach Flossenbürg zitiert wurde und ein Verfahren gegen ihn eingeleitet worden war. Dieser Häftling wurde auch gesucht, wurde aber nicht gefunden. Es ist keinesfalls richtig, daß je ein Häftling erhängt worden war, gleichgültig aus welchem Grund."[207]

Mithäftling Walter Dietrich lässt hinsichtlich der Nachfrage nach Fluchtvorfällen protokollieren:

> „Hierzu kann ich nur sagen, daß in meiner Zeit nur ein einziger Häftling, ein Franzose, geflohen ist. Der wurde nicht ergriffen und tauchte auch nicht mehr in unserem Lager auf."[208]

Vermutlich irrt er sich hierbei in der Nationalität und meint den Italiener Rossi, dessen Flucht sich dokumentarisch belegen lässt. In der Autobiografie Sergio Rusichs gibt es etliche Hinweise.

h) März 1945: Überstellung nach Leitmeritz

Anfang März 1945, vermutlich am 7. März, geht ein Häftlingstransport kranker Männer der Stammbelegschaft aus Mockethal ab. Angeblich seien sie von einem KZ-Vertragsarzt selektiert worden. Kommandoführer Erich von Berg berichtet:

> „Arbeitsunfähige Häftlinge überstellte ich nach Flossenbürg. Sie wurden über Leitmeritz dorthin in Marsch geschickt. Die Arbeitsunfähigkeit selbst stellte nicht ich,

---

[206] Es handelte sich um zwei russische Zivilarbeiter.

[207] BArch B 162 / 16167 S.400 -VP Ferdinand L. 23.06.1977

[208] BArch B 162 / 16166 S.66 -VP Walter D. 24.01.1968

> sondern ein Arzt aus einen der umliegenden Dörfern fest. An den Namen des Arztes kann ich mich nicht erinnern. Er war „Vertragsarzt" für das Lager Flossenbürg. Ich weiß ziemlich sicher, daß er von dort bezahlt wurde."[209]

Bei dieser Rücküberstellung wurden laut entsprechender Meldung und den Eintragungen in den Nummernbüchern 12[210] Häftlingen von Mockethal über Königstein nach Leitmeritz abgeschoben. Der Gesundheitszustand dieser Männer war so prekär, dass Giancarlo Lacarini[211] nicht einmal den Transport nach Leitmeritz überlebte. Er wurde am 16. März aus der Mockethaler Lagerstärke abgemeldet. Ein zweiter Italiener, Giovanni Slerco[212], soll kurz nach Ankunft in Leitmeritz dort am 11. März 1945 verstorben sein. Was mit den übrigen Kranken geschah, und ob es einigen gelang, sich wieder zu erholen, ist unbekannt.

i) März 1945: Überstellung aus Porschdorf

Als Ersatz für die überstellten und verstorbenen Mockethaler Häftlinge werden schließlich am 15. März 1945 15[213] Häftlinge von „Schwalbe III", dem Tarnnamen des Flossenbürger KZ-Außenlagers in Porschdorf nach „Dachs VII" überstellt. Dabei handelt es sich um 7 politische Häftlinge aus Italien, 4 Serben einen Kroaten, zwei Polen und einen Russen. Möglicherweise erfolgte auch diese Überstellung einige Tage eher, als sie in den Nummernbücher verzeichnet wurde. Dann könnte unter Umständen der Italiener Amadeo Biason als 16. Person bei dieser Überstellung dabei gewesen sein und direkt weiter nach Leitmeritz überstellt worden sein. Im Datenbankprojekt für das Lager Leitmeritz wird ihm sowohl ein Aufenthalt in Schwalbe

---

[209] BArch B 162 / 16167 S.422 -VP Erich von Berg. 20.01.1978

[210] FloNo.: 3445, 4997, 11672, 16402, 35835, 38624, 40075, 40275, 40280, 40294, 40299, 40307, [41597]

[211] FloNo.: 4997

[212] FloNo.: 40280

[213] FloNo.: 2355, 23280, 32308, 40192, 41968, 42078, 42092, 43456, 43514, 43521, [43526], 43594, 43601, 43662, 43711, 43765

III/Porschdorf als auch in Dachs VII (D VII), die Tarnbezeichnung für Mockethal-Zatzschke, sowie eine Transportankunft in Leitmeritz am 09.03.1945 zugeschrieben. Die Daten stehen ein wenig in einem Widerspruch zueinander, könnten aber durch postalische Verzögerungen der Meldungen entstanden sein. Somit konnten bislang etwas mehr als 100 Personen der Stammbelegschaft zugeordnet werden, von denen einzelne wohl nicht dem Gründungstransport vom 10. Januar angehörten.

Per 31. März 1945 sind im Außenlager Mockethal noch 93 Häftlinge gemeldet. Setzt man eine Belegschaft von 95 Häftlingen vom Vormonat an, zieht 12 ausselektierte Kranke ab und rechnet 15 als Ersatz-Überstellte dazu, so müssten 5 Häftlinge der Stammbelegschaft im März 1945 verstorben sein. Im Nummernbuch lassen sich am 7. , 20., 21. und 23. März also genau übereinstimmend die fünf Abmeldungen Jan Rajchels, Pierre Henri Gueltons, der Italiener Antonio Torkar[214] und Natale Sufie[215], sowie Bronislaw Mielcarz[216] belegen. Der geflohene Rossi wurde möglicherweise nicht aus der Lagerstärke gerechnet oder durch eine Einzelüberstellung[217] ersetzt.

In die angegebene Lagerstärke sind aber definitiv noch nicht die 39 polnischen Juden gerechnet, die am 24. März 1945 offiziell vom Arbeitslager Bernsdorf & Co. in Dresden Striesen ins Arbeitslager Mockethal-Zatzschke überstellt wurden, nachdem etwa Mitte März die restlichen weiblichen Häftlinge zurück in die Schandauer Straße kommandiert worden waren. In einem Schreiben vom 12. April 1945 aus Flossenbürg an das Arbeitslager Mockethal im Kreis Pirna heißt es:

> „In der Anlage werden 39 Häftlingskennzeichen (dreifach) für die am 24.3.45 vom Arbeitslager Bernsdorf & Co. (Dresden) zum dortigen Arbeitslager überstellten Häftlinge, sowie eine Durchschrift der Überstellungsliste übersandt."[218]

[214] FloNo.: 40316

[215] FloNo.: 40295

[216] FloNo.: 23123

[217] vgl FloNo.: 86519 und 89089

[218] Schreiben vom 12.4.1945 BArch B 162 / 8329 S.365

Die Überstellung der sich ohnehin noch in Pirna befindlichen Häftlinge wurde im Nummernbuch erst am 10. April 1945 verzeichnet. Demnach wurden sie auch erst ab diesem Zeitpunkt in die Mockethaler Lagerstärke gerechnet. Einige von ihnen waren aber zwischenzeitlich bereits verstorben.

j) Der Fall Victor Driay

Mit den Juden aus dem Kommando Bernsdorf dürfte im März auch der französische Jude Victor Driay in das Außenlager Mockethal-Zatzschke überstellt worden sein. Er war zu diesem Zeitpunkt noch kein Häftling des KZ Flossenbürg und wurde später in Leitmeritz unter der Flossenbürger Häftlingsnummer 89089 registriert. Ursprünglich war Driay im Mai 1944 von Paris nach Auschwitz deportiert worden und war dort mit der Häftlingsnummer A-5166 tätowiert worden. Bis zur Evakuierung verblieb er in Auschwitz, floh beim Todesmarsch über Gleiwitz aus einem Zug und wurde Ende Januar 1945 in das Polizei-Präsidium in Dresden eingeliefert. Bei der Bombardierung der Stadt am 13. Februar konnte er mit einem Mithäftling namens Henri aus dem Fenster eines Kohlenkellers fliehen, sich am Elbufer seiner Häftlingskleidung entledigen und sich einige Tage in Freiheit aufhalten bis er wegen seiner geschorenen Haare und seiner Häftlingsnummer am Arm gefasst und ins Gefängnis in Pirna eingeliefert wurde. Hier erwartete er nach eigenen Aussagen mehrere Wochen lang täglich die Bestrafung wegen seiner erneuten Flucht. Letztlich wurde er in das KZ-Außenlager Mockethal-Zatzschke überstellt und überlebte die Evakuierung nach Leitmeritz. Seine Überlebensgeschichte hat sein Sohn Alain Driay aufgeschrieben und es ist ein Brief vom 25. Juli 1945 an den befreundeten Arzt André Chauvenet[219] überliefert, in dem Driay nach seiner Repatriierung am 24. Mai seine Flucht beim Bombenangriff auf Dresden und sein Überleben in Pirna und auf Evakuierung schildert. Darin heißt es über das KZ-Kommando in Mockethal-Zatzschke:

---

[219] * 17.01.1900 Bompas – 02.04.1981 Dragiugnan
Vgl. Une Expérience de L'Esclavage - Häftlingsnummer BuNo. ? : 136166

> „Die Sterblichkeit in dem Kommando war groß, die Arbeit unerträglich, das Ungeziefer unausstehlich, die Schläge beliebig und die Führer[220], wie anderswo, wahrhaftige Mörder.
> Um den 15. April war die Evakuierung aus Pirna. Oh! Nicht vergleichbar mit der von Auschwitz, es gab keinen Schnee, es gab keine Hunde, keine unaufhörlichen Schüsse, und ich hatte dort zu Essen. Nichtsdestotrotz war es schwer für uns in vier Tagen bis nach Leitmeritz zu gehen."[221]

Dieser direkte Vergleich eines Überlebenden beider Evakuierungen mit einer so frühen Datierung aus dem Juli 1945 ist ein echter Glücksfall. Dennoch hat es zahlreiche Todesfälle gegeben.

k) April 1945: Todesfälle vor der Evakuierung

Auch in den Apriltagen kommt es im Kreis Pirna, KZ-Außenlager Mockethal-Zatzschke noch zu einigen Todesfällen. So weiß Baruch R., der nach Dresden zum Kommando Bernsdorf & Co. rücküberstellt wurde, über das Schicksal seines Bruders zu berichten:

> „Die erste Gruppe der Lagerinsassen wurde nach etwa zwei Wochen zurückgebracht, der Rest wurde nach weiteren 10-14 Tagen nach Bernsdorf gebracht, doch es verblieben auch einige Erschwachten in Pirna zurück, darunter auch mein Bruder Feiwisch, der in äußerst heruntergekommenem Zustand in Pirna erschossen wurde. Ich bin nicht mehr in der Lage anzuführen, wer von den Zurückgelassenen, von denen noch eine geringe Zahl später nach Bernsdorf gelangte, mir die Nachricht über Tötung meines Bruders überbrachte. Ich erinnere mich

[220] Im Original heißt es: "les chefs".
[221] Vgl. Driay S. 35f. – Übersetzung Pascal Cziborra

aber, dass der Täter einer der Wachmannschaften von Bernsdorf gewesen sein sollte."[222]

Der Tod Faiwel (Feiwisch) Reingolds[223] ist der letzte Sterbefall, der am 15. April vor dem Zusammenbruch der Verwaltung des KZ Flossenbürg noch registriert und in den Nummernbüchern verzeichnet wird. Anhand der Abmeldungspraxis ohne Rückdatierung der Sterbefälle ist davon auszugehen, dass sich der Tod bereits in den ersten Apriltagen ereignete. Alle späteren Todesfälle, vor allem die der Evakuierung, wurden nicht mehr im Nummernbuch vermerkt. So sollen kurz vor der Evakuierung noch einige marschunfähige Frauen erschossen und drei männliche Häftlinge erschlagen worden sein.
Szmul K. geht von einer Evakuierung an einem Sonntag [demzufolge wahrscheinlich der 15. April] aus. Am Donnerstag zuvor [12. April] sei ein Frauentransport ins Lager gekommen von dem 9 Frauen erschossen wurden. Am Freitag zog die Kolonne weiter. Zwei Tage vor diesem Vorfall sollen drei Häftlinge von einem Kapo erschlagen worden sein.[224]

> „Es war zwei Tage vor diesem, von mir beschriebenen Vorfall. Der Lagerälteste vom Lager Pirna, ein deutscher Häftling[225] – an seinen Namen kann ich mich nicht erinnern - hat drei Häftlinge zum Tod geschlagen. Ich habe den Vorfall alleine beobachtet. Die drei Häftlinge wurden vom Lagerältesten beschuldigt sich eine Rübe von der Küche geholt zu haben.[226] Der Lagerälteste ordnete einen Appell an und in unserer Anwesenheit schlug er die Häftlinge derartig, dass sie tot [um]fielen. Er schlug sie mit der Faust. Einer von den dreien war aus meiner Stadt und hieß Abraham Goldberg[227]. Ich habe gesehen wie Häftlinge die Leichen der drei erschlagenen Häftlin-

---

[222] Aussage Baruch R. BArch B 162 / 8328 S.159f. – 14.12.1967
[223] FloNo.: 38503
[224] Vgl. Aussage Szmul K. BArch B 162 / 8329 S.307f. – 23.02.1970
[225] Die Anschuldigung bezieht sich wohl auf Lagerkapo Karl Popowski.
[226] Vgl. Kapitel Verpflegung S. 29 VP Gino T. 16.02.1977
[227] FloNo.: 38420

ge in die Sammelbaracke von Leichen getragen haben. Wie ich schon sagte, als ich mit den Leichen der 9 erschossenen Frauen in die Sammelbaracke gekommen bin, sah ich noch die drei Leichen der Häftlinge dort liegen. Ich will noch bemerken, dass bei dem Appell als die drei Häftlinge erschlagen wurden, war keiner von den SS-Männern anwesend, nur der Lagerälteste und die Capos."[228]

Bei dem hier beschuldigten Lagerältesten soll es sich um einen großen, schmächtigen dunkelhaarigen Mann im Alter von 30-35 Jahren gehandelt haben. Er sei politischer Häftling mit schwarzem[229] Winkel gewesen. Die sehr detaillierten Ausführungen des Szmul K. sind aber in verschiedener Hinsicht problematisch. So habe zum einen laut Unterlagen des internationalen Suchdienstes in Bad Arolsen (ITS), der Häftling Abram Goldberg aus Mockethal überlebt, zum anderen gehen andere Häftlinge von deutlich weniger erschossenen Frauen aus. Die Opferzahlen dürften also, sofern sich die beschriebenen Vorgänge überhaupt bestätigen lassen, etwas übertrieben sein.
Sollten die Ereignisse aber mit weniger Todesopfern stattgefunden haben, so ist davon auszugehen, dass die Leichen noch vor dem Abzug aus dem Lager in Lohmen beerdigt worden sind. So können nämlich auch andere Häftlinge die Erschießung der marschunfähigen Frauen in Mockethal, zumindest vom Hörensagen, bestätigen. Bereits am 18. September 1945 erwähnen Anneliese Mietke[230], Mathilde Grascha[231] und Hedwig Köhler[232] einen ähnlichen Vorfall, bei dem aber nur 8 Frauen erschossen worden sein sollen. Sergio Rusich hingegen geht von 6 bis 7 Toten aus:

„Ich kann versichern, weil ich es persönlich festgestellt habe, daß am Morgen vor der Evakuierung aus dem La-

[228] Aussage Szmul K. BArch B 162 / 8329 S.308 – 23.02.1970
[229] Hierbei ist sich der Zeuge nicht ganz sicher.
[230] FloNo.: 62507
[231] FloNo.: 62634
[232] FloNo.: 57293

ger ca. 6/7 Frauen getötet wurden. Diese Frauen gehörten zu einer Gruppe von ca. 120/130, vorwiegend Jüdinnen, die am Abend zuvor im Lager angekommen waren und bereits hunderte von Kilometern zuvor zurückgelegt hatten; ich weiß nicht, woher sie kamen. Die Frauen verbrachten die Nacht im Lager, und am folgenden Morgen wurden diejenigen, die nicht mehr gehen konnten, zu den Latrinen geschleppt und von den Posten getötet, d.h. alten Wachen (die älter als 60 Jahre alt waren), die in der letzten Zeit für diesen Hilfsdienst geholt worden waren. Ich selbst habe gesehen, wie diese Frauen mit Schüssen, die auf kürzeste Entfernung in den Unterleib abgefeuert wurden, getötet wurden."[233]

Mario Tiberio[234] und sein Mithäftling Gino Torregrossa gehen allerdings nur von vier Toten aus und werden bezüglich der Lagerherkunft am konkretesten. Tiberio erzählt:

„Ich erinnere mich daran, daß am Morgen des 15. April 1945 eine Baracke geräumt wurde, die von gefangenen Polinnen belegt war, die tags zuvor aus einem Lager in Dresden eingetroffen waren, was [sic! wo?] sie in einer Tabakfabrik gearbeitet hatten. Man ließ die Frauen abmarschieren, ich weiß nicht zu welchem Bestimmungsort. Sofort nach der Räumung setzte ich meine Arbeit fort, die ich in der Baracke selbst angefangen hatte. Kurz darauf kamen vier gefangene Polinnen in die Baracke, die mir sagten, daß sie wegen ihres körperlichen Zustands nicht in der Lage waren, sich zu Fuß zu bewegen. Es kamen zwei SS Soldaten herein; sie unterhielten sich und gingen hinaus. Unmittelbar darauf kam einer der beiden in die Baracke zurück, und mit der Maschinenpistole tötete er vor meinen Augen die vier Frauen, eine nach der anderen. Ich und ein junger Franzose arbeiteten schreckerfüllt weiter. [...]

[233] BArch B 162 / 16167 S.383 -VP Sergio R. 23.03.1977
[234] FloNo.: 40325

Die Frauen, alle Polin[n]en, bildeten in unserem Lager eine eigene Gruppe. Diese Frauen, wie ich bereits gesagt habe, waren nach Zatschke [sic!] ein erstes Mal nach der Bombardierung Dresdens im Februar 1945 gekommen, und nach etwa vierzehn Tagen kehrten sie alle nach Dresden zurück, um ihre Arbeit wieder aufzunehmen. Am 14. April 1945 kam eine weitere Gruppe von polnischen Frauen nach Zatschke [sic]. Sie wurden am folgenden Tag evakuiert, außer den vier in der Baracke getöteten Frauen."[235]

Gino Torregrossa bestätigt:

> "Es stimmt, daß im Lager Pirna Häftlingsgruppen durchkamen, die von anderen Lagern her kamen und anderswo zugeteilt waren. Ich erinnere mich daran, daß einmal vier polnische Frauen in der Baracke erschossen wurden, weil sie nicht mehr die körperliche Kraft hatten, den Marsch fortzusetzen."[236]

Kommandoführer Erich von Berg erwidert auf Nachfrage zu diesem Vorfall folgendermaßen:

> „An den konkreten Vorfall der Erschießung von 9 Frauen kann ich mich nicht erinnern. Ich habe allerdings in Leitmeritz von einer lettischen Dolmetscherin für Russisch erfahren, daß Aufseherinnen des Lagers Bernsdorf & Co. berichtet hätten, Schmerse habe während der Zeit seines Aufenthaltes in Zatschke [sic!] in einer Baracke Frauen erschossen und deren Leichen hinter der Baracke verscharrt. Ich erinnere mich an die Informantin [sic!] genau: Sie hieß Rivers (phon.) und stammte aus Riga. Sie war in der Artilleriekaserne für die SS Dolmetscherin für Russisch. [...] Ich möchte nicht ausschließen, daß Schmerse kurz vor der Evakuierung ein zweites Mal mit einem Trupp Frauen in Zatschke [sic!] war. Ich selbst

---

[235] BArch B 162 / 16167 S.365f. -VP Mario T. 02.02.1977

[236] BArch B 162 / 16167 S.370 -VP Gino T. 16.02.1977

habe weder einen meiner Wachleute noch dem Lagerältesten den Befehl erteilt, mögliche Häftlingsfrauen, die im Lager zurückgelassen wurden, zu töten. Ich glaube auch nicht, daß dies aus eigener Initiative heraus von einem von diesen Leuten geschah. Mir wurde nie von einem Fund von neun Leichen berichtet."[237]

Angesichts der sonst in ihren Aussagen sehr verlässlichen Augenzeugen handelte es sich möglicherweise nur um vier getötete Frauen. Die mehrfache, unabhängige Schilderung des Vorfalls deutet jedenfalls auf ein konkretes Ereignis dieser Art hin. Anscheinend handelte es sich um die Evakuierungsgruppe aus dem KZ-Lager in Dresden-Striesen, die unter dem Kommando des SS-Oberscharführers Schmerse standen. Eventuell ist in Zukunft noch zu rekonstruieren, um welche Frauen es sich handelte. Die potenziellen jüdischen Opfer sind namentlich bekannt.[238]

l) April 1945: Die Evakuierung aus Mockethal-Zatzschke

Laut letzter Stärkemeldung vom 13.April 1945 sollen sich noch 131 männliche Häftlinge im Außenlager Mockethal-Zatzschke befunden haben. Während sich die Stammbelegschaft, durch den am 4. April im Nummernbuch verzeichneten Tod Stefano Sudans[239] auf 92 Mann reduziert hatte, müssten nach dieser statistischen Aufstellung noch alle 39 polnische Juden[240], die von Bernsdorf & Co. überstellt wurden, gelebt haben. Brücksichtigt man die zeitlichen Verzögerungen durch Meldeweg und Verwaltung, dürfte die tatsächliche Zahl der Häftlinge zu diesem Zeitpunkt aber bereits geringer gewesen sein. Der Wert von 131 Häftlingen ist dabei also lediglich eine Spiegelung des Stands der Nummernbücher und offizieller Zugänge und Abmeldungen und entspricht nicht absolut verlässlich der Lagerrealität.

---

[237] BArch B 162 / 16167 S.423f. -VP Erich von Berg. 20.01.1978

[238] Vgl. Pascal Cziborra. KZ Dresden Striesen. S.170ff.

[239] FloNo.: 40310

[240] Vgl. FloNo.:38501 [16.03.1945], 38503 [15.04.1945], 38527 [16.03.1945]

Vor der Evakuierung wurden am 15. April zudem noch der polnische Jude Faiwel Reingold[241] und der belgische Zivilarbeiter Remi Josef Deckerck[242] aus der Lagerstärke abgemeldet. Offiziell wären damit noch 129 Häftlinge im Lager gewesen.
Der Lagerälteste und sein Vertreter sollten möglicherweise aber nicht mit auf Evakuierung gehen. Paul Kraft gibt zu Protokoll:

> „Von Berg war aus Sonneberg in Thüringen und hatte eine Puppenfabrik. Zwei Tage, bevor das Lager nach Leitmeritz evakuiert wurde, kam von Flossenbürg ein Befehl, wonach der Popowski und ich nach Flossenbürg zurückgeschickt werden sollten und dort eingesperrt werden sollten. Ich habe mich damals einen halben Tag lang mit von Berg unterhalten. Er meinte, an dem Befehl sei nichts zu ändern. Er wies uns einen alten SS-Mann als Bewacher für die Reise nach Flossenbürg zu, der nicht bewaffnet sein sollte. Diese Aktion hat sich erledigt, weil kurze Zeit später der Befehl kam, das Lager nach Leitmeritz zu evakuieren. Von Berg erklärte dann: ‚Kraft, da haben wir Glück gehabt.'"[243]

Ob es ich um eine Disziplinarmaßnahme handeln sollte, oder zu welchem anderen Zweck die Funktionshäftlinge ins Stammlager beordert werden sollten, ist unklar. Sicher scheint jedoch, dass die Evakuierung von Pirna-Mockethal nach Leitmeritz durch Pferdefuhrwerke unterstützt worden ist. Paul Kraft erinnert:

> „Bei der Evakuierung gab von Berg dem Popowski die Order, daß das Lager bis zu irgendeinem Zeitpunkt reisefertig zu sein habe. Wir Häftlinge hatten uns selbst um die Auflösung des Lagers zu kümmern. Für den Evakuierungsmarsch standen uns drei Panjewagen mit sechs Pferden zur Verfügung. Auf diese Wagen wurde das Essen und was wir sonst noch brauchten geladen. Grundsätzlich mussten alle mitmarschieren. Es blieben nur die

---

241 FloNo.: 38503
242 FloNo.: 35270
243 BArch B 162 / 16167 S.356 -VP Paul K. 29.07.1976

> im Lager zurück, die wirklich nicht mehr gehen konnten."[244]

Wachmann Ferdinand Leimeter bestätigt:

> „Für den Transport der Lebensmittel und der sonstigen Güter, die wir für den Marsch brauchten, stand uns ein Fuhrwerk mit 2 Pferden zur Verfügung. Es gingen fast alle Häftlinge mit, ich erinner mich, daß ein italienischer Arzt und etwa 4-5 Häftlinge zurückblieben."[245]

Diese Zahl dürfte jedoch nicht genügen. Kapo Paul Kraft spricht von 11 Marschunfähigen. Er gibt zu Protokoll:

> „Große Schwierigkeiten hatten wir mit einem Jugoslawen, der hieß Wukowitsch. Der war so schwach, daß wir ihn zusammen mit 10 anderen nicht auf den Evakuierungsmarsch mitnehmen konnten. Wir ließen ihnen Kartoffeln und Steckrüben zurück; ich weiß aber, daß auch die Frauen aus den benachbarten Häusern für die Häftlinge, die im Lager zurückblieben, gekocht haben."[246]

In wieder anderen Aussagen ist sogar von etwa 15 Personen die Rede, die als marschunfähig im Lager zurückblieben. Mario Tiberio berichtet:

> „Ich verließ das Lager Zatschke [sic!] am 16. April 1945 zusammen mit ca. 80 Deportierten. Im Lager blieben nur etwa fünfzehn Kranke zurück. [...] Luigi Villat [...] wurde zusammen mit mir sowohl nach Flossemburg [sic!] wie auch nach Zatschke [sic!] deportiert, wo er zurückblieb, da er krank war."[247]

---

[244] BArch B 162 / 16167 S.609 -VP Paul K. 29.07.1976
[245] BArch B 162 / 16167 S.397 -VP Ferdinand L. 23.06.1977
[246] BArch B 162 / 16167 S.356 -VP Paul K. 29.07.1976
[247] BArch B 162 / 16167 S.366 -VP Mario T. 02.02.1977

Torregrossa bestätigt:

> „Es war tatsächlich so, daß bei der Evakuierung des Lagers, die durch Krankheit körperlich geschwächten Häftlinge zurückblieben. Es waren etwa 15. Es ist mir nicht bekannt, daß sie getötet wurden, denn unter ihnen blieb auch Hauptmann Luigi Villa zurück, den ich später in Görz, seinem Wohnsitz, wiedergesehen habe, als er nach Kriegsende in seine Heimat zurückkehrte.“[248]

Neben dem Jugoslawen bzw. Serben Vojn Vukovic[249], und dem Italiener Luigi Villa[250], dürfte es sich u.a. noch um dessen Landsmann Sergio Rusich[251] und um die polnischen Juden Simon Fridmann[252] und Hersch Weiskohl[253] gehandelt haben.. Wer als italienischer Arzt gemeint ist, möglicherweise der 25-jährige Medizinstudent Rusich, bedarf zusätzlicher Klärung. Walter Dietrich geht nämlich abweichend davon aus, dass der polnische Lagerarzt bei den Kranken verblieb. Dieser ist aber in Leitmeritz zu belegen und dürfte daher mit evakuiert worden sein. Hinweise auf weitere im Lager verbliebene Personen sind erwünscht. Rusich erinnert mit leichter zeitlicher Verzerrung:

> „Ich bin in jenem Lager bis zum 23. oder 24. April 1945 geblieben, als das Lager von den Deutschen evakuiert wurde, weil die russischen Truppen kamen. [...] Ich war in den Barracken [sic!] mit weiteren 15 Kameraden zurückgeblieben, denn ich litt an einer Erfrierung an einem Fuß. Ich hatte die Deutschen gebeten, mich mitzunehmen, denn ich wusste, daß ich dann eine größere Überlebenschance gehabt hätte, denn die kranken Häftlinge, die zurückgeblieben wären, hätten sicherlich das Leben verloren, d.h. sie wären von den zurückgebliebene Wa-

[248] BArch B 162 / 16167 S.370 -VP Gino T. 16.02.1977
[249] FloNo.: 40000
[250] FloNo.: 40320
[251] FloNo.: 40301
[252] FloNo.: 38413
[253] FloNo.: 38549

> chen getötet worden. Der Kapo, vielmehr die Wache, die uns vorstand, ein Unteroffizier der SS, dessen Namen ich niemals erfahren habe, sammelte seine Sachen auf einem Handwagen, verteilte Brot an uns und ging mit seinem Schäferhund, weg, der auf das Einfangen der Häftlinge dressiert war, er ließ uns frei zurück."[254]

Simon Fridmann bestätigt:

> „Das Lager Zatschke [sic!] wurde nicht evakuiert. Wie ich bereits erwähnte, wurden die übrig gebliebenen Häftlinge, etwa 12 bis 14 an der Zahl, von den Russen befreit. Das SS-Personal hatte sich einige Tage vorher abgesetzt und uns selbst überlassen."[255]

Neben den Genannten kehrte aber auch der Jude Symcha Eilenberg[256] bereits nach dem ersten Marschtag ins Lager zurück. Paul Kraft erinnert:

> „Es gab einmal eine Debatte zwischen von Berg und Popowski, dem Lagerältesten, weil einer, es war ein Jude, nicht mehr laufen konnte. Alle übrigen wussten, was es bedeutete, wenn man nicht mehr mit kam: Man wurde erschossen nach dem Motto, daß keiner lebend auf einem Transport zurückbleibt. Wir wußten das von unseren früheren Märschen. Popowski schlug vor, den Mann laufen zu lassen. Ich bin mir sicher, daß er auch nicht erschossen wurde. Wie dieser Jude hieß, weiß ich nicht mehr."[257]

Von Berg äußert 1978 bezüglich dieser Begebenheit:

> „Auf dem Marsch gab es öfters Debatten über alles mögliche. Ich kann mich daran nicht erinnern, daß wir

[254] BArch B 162 / 16167 S.380f. -VP Sergio R. 23.03.1977 vgl. Il Mio Diario
[255] BArch B 162 / 16166 S.133 -VP Simon F. 05.02.1970
[256] FloNo.: 38403
[257] BArch B 162 / 16167 S.357 -VP Paul K. 29.07.1976

> wegen eins schwachgewordenen Häftlings Meinungsverschiedenheiten gehabt hätten. 2 oder 3 Häftlingen ging es sicher schlecht auf dem Marsch. Wir haben sie aber jeweils bei irgendwelchen Bauernfamilien untergebracht."[258]

Bei dem von Kraft erinnerten Juden dürfte es sich um Symcha bzw. Sam Eilenberg gehandelt haben. Er berichtet:

> „Ich selbst machte den Evakuierungsmarsch eine Strecke weit mit. Schon am ersten Tage des Marsches konnte ich wegen Erschöpfung nicht mehr weitergehen. Ich setzte mich irgendwo an den Wegrand bis ich wieder laufen konnte. Ich fand aber nicht mehr den Anschluß an die übrige Gruppe und wurde schließlich von der Polizei wieder in das Lager Pirna-Mockethal zurückgebracht, wo die kranken Häftlinge des Lagers zurückgeblieben waren. Schließlich wurden auch die noch im Lager befindlichen Kranken weggeschafft. Es gelang mir, mich unter der Baracke zu verstecken und mich während drei Tagen verborgen zu halten. Schließlich wurde ich durch den Hunger aus meinem Versteck getrieben und ich stellte mich der Wachmannschaft von ungefähr drei Mann, die noch im Lager war. Es kamen dann wieder andere Häftlinge in das Lager. Ich selbst blieb dort bis zur Befreiung durch die russische Armee. Ich glaube, das war am 8. Mai 1945."[259]

Ob tatsächlich die anderen kranken Häftlinge noch einmal umquartiert wurden, oder ein Teil von ihnen gar liquidiert wurde, bleibt zweifelhaft. Eine kleine Gruppe dürfte aber definitiv von der Evakuierung der übrigen Lagerbelegschaft bis zur Befreiung in Mockethal-Zatzschke ausgeharrt haben.

---

[258] BArch B 162 / 16167 S.426 -VP Erich von Berg. 20.01.1978
[259] BArch B 162 / 16166 S.156f. -VP Sam E. 09.07.1971

I. Fluchtvorfälle zu Evakuierungsbeginn

Trotz der Möglichkeit als Marschunfähige im Lager zurückzubleiben, versuchten mindestens drei Juden im Evakuierungschaos ihr Fluchtglück. Dies zeugt auch davon, dass sie dem SS-Personal nicht trauten und aufgrund vieler negativer Vorerfahrungen eine Liquidation der Kranken fürchteten. Morris G. berichtet mit etwas spät angesetzter Datierung[260]:

> „Das Lager Pirnau [sic!] wurde am 1. oder 2. Mai in der Nacht evakuiert. Der Obersturmführer hat eine Rede gehalten. Er hat gesagt, Kinder, wer mit mir geht, dem passiert nichts, ich sorge für die Leute; ich weiss nicht was dem passieren wird, der nicht mitgeht; Ich zwinge Euch nicht, mit mir zu gehen. Ich habe dem Obersturmführer nicht getraut, weil er uns schon von Dresden begleitet hatte und weil auf diesem Weg ein paar Häftlinge erschossen worden waren.[261] Wenn ich schon sterben sollte, wollte ich allein sterben und nicht mit der Gruppe. Wir traten im Dunkeln an. Die Lichter waren wegen der Bombardierungsgefahr ausgeschaltet. Ich bin vor dem Lager einfach in die andere Richtung gegangen. Niemand hat mich aufgehalten. Ich bin durch die Wälder gelaufen. Dann bin ich an einem Berg auf einen fahrenden Lastwagen gesprungen, der mich nach Keitz[262] (phonetisch) bei Dresden brachte. Dort habe ich mich am nächsten Tag beim Arbeitsamt, ich glaube es hieß Arbeitseinsatz gemeldet. Ich habe mich als Marian Jurewitsch ausgegeben und gesagt, ich sei aus dem bombardierten Krankenhaus von Görlitz geflüchtet. Papiere hätte ich nicht. Diese Geschichte habe ich von zwei anderen Männern erhalten, die vor mir beim Arbeitsamt waren. Wir wurden dann zu einem Schlosser und Pfer-

[260] Die Evakuierung Anfang Mai passt nicht zu den Zeitangaben der restlichen Geschichte, da noch zwei bis drei Wochen bis zum Eintreffen der Russen vergangen seien.
[261] Diese Erschießungen konnten bislang nicht abgesichert werden.
[262] Gemeint ist vermutlich Kaitz, heutiger Stadtteil von Dresden.

> deschmied geschickt. Dort habe ich zwei oder drei Wochen gearbeitet, bis die Russen kamen.“[263]

Dem Juden Goldrat gelingt also eine Flucht und er kann unter falscher Identität als Zwangsarbeiter bis Kriegsende untertauchen. Auch Samuel Lipmanowicz und Eliasch Friedmann aus der Gruppe Bernsdorf & Co. nutzten mit unterschiedlichem Erfolg das Chaos beim Aufbruch aus dem Lager Mockethal, um sich abzusetzen. Samuel L. erinnert:

> „In den ersten Maitagen[264] wurde das Lager evakuiert. Ich selbst konnte zu dieser Zeit kaum noch laufen, ich war ganz verschwollen. Ich gehörte aber auch zu den „Gesunden“. Wir wurden auf Elbkähne gebracht. Wir „Gesunden“ mussten dort für die Kranken sorgen. Es herrschten unbeschreibliche Zustände. Ich erinnere mich, daß Herr Reingold[265] aus Lodz dort [Pirna] gestorben ist. Er wurde buchstäblich von den Läusen aufgefressen. Ich habe gehört, daß die Elbkähne einem besonderen SS-Kommando unterstanden, das die Aufgabe hatte, die Kranken zu ertränken.[266] Dazu kam es aber nicht. Mit mir im Lager war ein Herr Friedmann[267]. Er kannte einen deutschen Polizisten außerhalb des Lagers. Dieser hatte ihm gesagt, er solle weglaufen, sich verstecken, damit er am Leben bliebe. Als die Wachen bei der Evakuierung schon die Türme[268] verlassen hatten, haben Herr Friedmann und ich die Drähte zerschnitten und sind wegge-

---

[263] Aussage Morris G. BArch B 162 / 8329 S.297 – 31.03.1970

[264] Diese Datierung ist zu spät angesetzt.

[265] Gemeint ist wahrscheinlich der Todesfall des Faiwel Reingold (FloNo.: 38503), der am 15. April im Nummernbuch abgemeldet wurde und in Pirna verstarb.

[266] Dieses Gerücht konnte bislang nicht abgesichert werden. Auch ist in den anderen Evakuierungsberichten in der Regel von einem Todesmarsch die Rede. Möglicherweise ist Samuel L. aufgrund seiner Flucht und späteren Wiederergreifung einer anderen Häftlingsgruppe angeschlossen worden.

[267] Eljasch Friedmann (Vgl. FloNo.: 38411)

[268] Posten auf der Böschung der Sandgrube. Wachtürme soll es laut Aussagen der Wachmänner nicht gegeben haben.

> laufen. Herr Friedmann ist entkommen. Ich wurde von deutscher Polizei eingefangen und zu den Kähnen gebracht.
> Der Transport bestand aus drei oder vier Kähnen. Auf den Kähnen waren Kranke aus vielen Lagern versammelt. Vorne war ein Schiff mit SS, ebenso hinten. Auch auf jedem Kahn mit Häftlingen waren SS-Wachen. Die Fahrt ging ins Sudetenland, an die tschechische Grenze. Dort sah der SS-Offizier in dem Kahn an der Spitze, daß der Krieg zu Ende war. Jedenfalls kehrte er um und verschwand. Auch die anderen SS-Leute verließen uns. Ich bin von dem Kahn heruntergegangen und bin in die Tschechoslowakei geflohen. Dort waren schon die Russen. [...] Auf der Evakuierung auf den Kähnen brauchte die SS keine Häftlinge zu töten, sie starben schon von selber. Auf den Kähnen gab es kein Essen."[269]

Ob sich auch andere Häftlinge, vor allem vor Beginn des Marsches zwischenzeitlich auf solchen Elbkähnen befanden, ließ sich bislang nicht sicher bestätigen.
Der Italiener Sergio Rusich, der als Marschunfähiger im Lager zurückblieb, gibt allerdings 1977 zu Protokoll:

> „Es ist mir bekannt, daß viele Gefangene auf ein Schiff auf der Elbe verbracht wurden, um die Sicherheit zu haben, daß sie nicht flohen. Hierüber können Tiberio, Torregrossa und Spadotto[270] berichten, die auf diesem Schiff gewesen sind."[271]

Mario Tiberio und Gino Torregrossa, die im Rahmen der Ludwigsburger Ermittlungen vernommen wurden, erwähnen aber keinen solchen Schiffsaufenthalt, wurden aber anscheinend auch nicht konkret danach gefragt.[272]

---

[269] Aussage Samuel L. BArch B 162 / 8329 S.302 – 24.03.1970
[270] FloNo.: 40274
[271] BArch B 162 / 16167 S.382 -VP Sergio R. 23.03.1977
[272] Vgl. BArch B 162 / 16167 S.369ff. -VP Gino T. 16.02.1977

II. Der Evakuierungsmarsch

Laut letzter Stärkemeldung vom 13. April 1945 hatten sich im Außenlager Mockethal-Zatzschke noch 131 männliche Häftlinge befunden. Abzüglich nicht oder später registrierter Todesfälle, Geflohener und bis zu 21[273] zurückbleibender Marschunfähiger dürften um die 100 Personen den Evakuierungsmarsch angetreten haben.

Die Datierung ließ sich bislang nicht mit letzter Sicherheit rekonstruieren. Der Marsch dürfte aber sehr wahrscheinlich spätestens am 16. oder 17. April 1945 begonnen haben. Stanislao Leghissa lässt protokollieren „Am 16. April 1945 wurden wir nach Leitmeritz verlegt.“[274] Und auch Gino Torregrossa nennt dieses Datum explizit, wenngleich er die Dauer des Marsches sicherlich überdehnt:

> „Wir haben Pirna wegen der Evakuierung des Lagers am 16.04.1945 verlassen. – Von Pirna sind wir in einem Fußmarsch, der etwa acht Tage dauerte, nach Latmertz [sic!] gebracht worden.“[275]

Acht Tage dauerte der Marsch wahrscheinlich nicht. Victor Driay schrieb im Juli 1945 in seinem Brief von vier Tagen Marsch ab dem 15. April. Das ist durchaus realistisch und würde zu der in Lagerdokumenten belegten Ankunft am 19. April 1945 in Leitmeritz passen. Es wäre also maximal von fünf Marschtagen und vier Übernachtungen auszugehen. Der ehemalige Wachmann Ferdinand Leimeter geht von drei Marschtagen aus und berichtet von einer Übernachtung in einer Schule und in einer Scheune. Wo genau Quartier bezogen wurde und wie sich der Marsch der etwa 90km langen, dem Elbverlauf folgenden Strecke in Etappen aufteilte, ist nicht überliefert. Die Unterbringung in einer Schule wird auch vom ehemaligen SS-Wachposten Ferdinand Klaus bestätigt.[276]

---

[273] Diese Zahl nennen Grascha u.a. 1945. Sonst ist der Tenor eher 12-16.

[274] BArch B 162 / 16167 S.366 -VP Stanislao L. 02.02.1977

[275] BArch B 162 / 16167 S.369 -VP Gino T. 16.02.1977

[276] BArch B 162 / 16167 S.347 -VP Ferdinand K. 12.05.1976

Der deutsche Häftling Walter Dietrich geht gar nur von einem zweitägigen Marsch aus, erinnert auch nur eine Übernachtung und setzt die Evakuierung wahrscheinlich etwas zu spät an:

> „Am 19.4.1965 [sic! 1945] wurde das Lager nach Leitmeritz im Sudetenland verlegt, und zwar per Fußmarsch. Dieser Marsch dauerte 2 Tage und eine Nacht.
> Die kranken Häftlinge verblieben im Lager Pirna-Mockethal, und zwar unter Betreuung des Lagerarztes. Es war ein polnischer Häftlingsarzt, dessen Name ich nicht nennen kann. [...] Abschließend möchte ich sagen, daß der Transport am 21.4.1945 in Leitmeritz eingetroffen ist. Einige Tage später, etwa am 27. oder 28.4. wurden an einen Teil der Häftlinge, unter denen ich mich auch befand, regelrechte Entlassungspapiere verteilt. Man entließ uns aber nicht, sondern erklärte uns, wir müssten noch einige Tage bleiben [...] Ich habe meine Entlassung nicht abgewartet, sondern bin am 2. oder 3.5. aus dem Lager geflohen. Zu dieser Zeit war die Aufsicht nicht mehr besonders straff. Bis zur Kapitulation habe ich mich in der Stadt Leitmeritz versteckt. Nach dem Einmarsch der Russen habe ich mich, immer noch in Häftlingskleidung, bei der Kommandantur gemeldet. Bereits am 12.5. erhielt ich von der Kommandantur einen Erlaubnisschein zur Benutzung eines Güterzuges nach Dresden. Am 13.5.1945 traf ich in Dresden ein und war ein freier Mann.“[277]

Darüber, wie viele Häftlinge am Marsch nach Leitmeritz beteiligt waren, gehen die Zeugenaussagen erheblich auseinander. Der Überlebende Franz Fürstner geht sogar nur von 66 Personen, also zwei Drittel der ursprünglichen Stammbelegschaft, aus:

> „Ich glaube, es war der 17. April 1945 – die Russen waren schon sehr nahe und die Amerikaner befanden

[277] BArch B 162 / 16166 S.66ff. -VP Walter D. 24.01.1968

> sich bereits in Karlsbad und Marienbad – als das gesamte Lager Dachs VII evakuiert wurde. Lediglich die Frauenabteilung blieb mit den Bewachungsorganen zurück.[278] [...] Bei Beginn unseres Auszuges aus dem Lager waren wir 66 Mann. Wir zogen mit unserem Lagerführer von Berg über das Erzgebirge. Dort wollten wir die amerikanische Linie erreichen. Unterwegs wurden wir jedoch von der Feldgendarmerie aufgehalten, wo von Berg einem strengen Verhör unterzogen worden ist. Unter Begleitung von Feldgendarmen kamen wir dann in das Lager Leitmeritz. Von unserem ehemaligen Lagerführer von Berg sahen und hörten wir dort nichts mehr. Anfang Mai 1945 wurde Leitmeritz von den russischen Truppen besetzt und am 7. Mai 1945 erfolgte unsere Entlassung aus diesem Lager. Die höheren SS-Offiziere dieses Lagers flüchteten schon vor Eintreffen der Russen. Wir wurden mit Lastkraftwagen nach Theresienstadt und nach einem Aufenthalt von ca. einer Woche von dort nach Prag transportiert."[279]

Kommandoführer von Berg setzt mit 120 bis 150 Mann die Marschbeteiligung sicher ein wenig zu hoch an. Möglicherweise wurde der Häftlingszahl aber auch die Mannschaftsstärke des Wachpersonals hinzugerechnet. Er lässt 1978 protokollieren:

> „Ich marschierte mit etwa 120 bis 150 Mann. Der Marsch dauerte 2 bis 3 Tage. Da ich es den Häftlingen freigestellt hatte mitzumarschieren, blieben einige, meiner Erinnerung 3 bis 4 Leute in Zatschke [sic!] zurück. Ich war überrascht von der starken Beteiligung der Häftlinge. Mir wäre es lieber gewesen, wenn sich nicht so

---

[278] Diese Aussage ist mindestens missverständlich. Eigentlich dürften sich keine Frauen mehr im Lager befunden haben, höchstens vereinzelte Geflohene die vom Evakuierungsmarsch der Universelle Maschinenfabrk J.G. Dresden aufgegriffen und ins Lager eingewiesen worden waren. Außerdem blieben auch, wie sicher nachgewiesen werden kann, männliche Marschunfähige im Lager zurück.

[279] BArch B 162 / 16166 S.423f. -VP Franz F. 29.11.1967

viele angeschlossen hätten, denn dann hätte ich nicht soviel Verpflegung gebraucht."[280]

Möglicherweise bedauert von Berg die hohe Beteiligung beim Marsch aber nicht nur wegen den Schwierigkeiten bei der Lebensmittelbeschaffung oder deren Mitführung, sondern auch, weil bei Annahme seines Angebotes im Lager zurückzubleiben, weniger gehunfähige Häftlinge auf dem Marsch erschossen hätten werden „müssen". Da er sich und sein Kommando mit solchen Aussagen aber im Rahmen der juristischen Vernehmungen von 1978 selbst belastet hätte, beteuert von Berg, es seien keine derartigen Erschießungen vorgekommen. Er resümiert:

> „Es haben sich einige Häftlinge aus dem Staub gemacht und auch Wachmänner. Ich kontrollierte es nicht und weiß deshalb auch nicht, wie viele Häftlinge ich in Theresienstadt ablieferte. Auf dem gesamten Marsch wurde nicht geschossen. Keiner der Häftlinge wurde getötet, weder von mir noch von meinen Wachleuten."[281]

Bei dieser Aussage dürfte es sich um eine Schutzbehauptung handeln, denn nicht nur überlebende Häftlinge, sondern auch einige seiner SS-Schützen geben die Erschießung einzelner Häftlinge zu. Außerdem berichtet der polnische Jude Szmul K.:

> „So wie ich schon früher sagte wurde das Lager Pirna im April 1945 evakuiert. Wir wurden zu Fuß unter Bewachung von SS-Männern vom Lager Pirna nach Leitmeritz getrieben. Bis Leitmeritz sah ich noch den Lagerführer von Berg. Ich will noch bemerken, dass bevor wir das Lager Pirna verlassen haben, wir standen schon in Reihen zum Marsch bereit, sagte uns der Lagerkommandant von Berg, dass wer nicht gehen kann soll bleiben, denn jeder welcher während des Marsches zurückbleiben wird,

[280] BArch B 162 / 16167 S.421 -VP Erich von Berg. 20.01.1978
[281] BArch B 162 / 16167 S.425 -VP Erich von Berg. 20.01.1978

wird erschossen werden. Einige Häftlinge sind zurückgeblieben und was mit ihnen geschah weiß ich nicht. Während des Marsches wurden viele Häftlinge, die das Marschtempo nicht einhalten konnten erschossen.[282] Den Lagerkommandanten von Berg habe ich immer an der Spitze unserer Marschkolonne gesehen. Ich habe nicht gesehen, ob von Berg jemanden erschossen hat. Ich habe jedoch gesehen, wie die SS-Männer der Lagerbewachung Häftlinge unterwegs erschossen haben. Die Namen der SS-Männer sind mir unbekannt. Wie ich schon sagte wurden wir bis Leitmeritz von dieser Wachmannschaft vom Lager Pirna begleitet und dort verschwanden sie. Von Leitmeritz wurde ich ins Lager Theresienstadt gebracht, wo ich befreit wurde."[283]

III. Todesopfer auf dem Evakuierungsmarsch

Für den Marsch nach Leitmeritz liegen, wie dies Szmul K. andeutet, verschiedene Schilderungen von Häftlingstötungen vor. Bislang ist es leider nicht gelungen, alle Vorfälle abzusichern und die Identitäten der Opfer zu bestimmen. Mario Tiberio gibt Hinweise auf zwei norditalienische Todesopfer:

> „Ich erinnere mich, daß während unseres Marsches wegen der Verlegung nach Leitmeritz, ein Mann aus Friaul nicht mehr weiter konnte, weil er mit seinen Kräften zu Ende war; er begab sich zur Seite der Straße und ein SS Soldat tötete ihn auf Befehl des österreichischen Wachtmeisters[284], dessen Name ich nicht weiß. Später warf sich ein anderer Deportierter, ein junger Mann aus Valvolciana (in der Nähe von Görz) ebenfalls zur Seite der Straße, weil er fertig war, und auch er wurde von einem

[282] Möglicherweise handelte es sich teilweise auch um Scheinerschießungen wie sie Israel K. bezeugt. Konkrete Hinweise auf Opfer und Begräbnisstätten liegen nicht vor.

[283] Aussage Szmul K. BArch B 162 / 8329 S.308 – 23.02.1970

[284] Unbekannter Kommandoführer.

> SS Soldaten getötet auf Befehl des österreichischen Wachtmeisters, der unsere Kolonne befehligte."[285]

Der Todesfall des Italieners aus Valvolciana wird auch von Stanislao Leghissa bestätigt:

> „Ich erinnere mich daran, daß während des Fußmarschs von Pirna nach Leitmeritz ein Mitdeportierter, ein junger Mann aus Valvolciana (in der Nähe von Görz) sich übel fühlte und sich zur Seite der Straße begab. Wir setzten den Weg fort und hörten gleich darauf einen Schuß. Der erwähnte junge Mann war von einem SS Soldaten ermordet worden."[286]

Auch Gino Torregrossa bestätigt derartige Vorkommnisse:

> „Es ist wahr, daß während des Marsches zur Verlegung von Pirna nach Latmeritz [sic!], mehrere Häftlinge mit Gewehrschüssen von der SS getötet wurden, die am Ende des Zugs ging, jedes Mal wenn die Häftlinge in einem derartigen Zustand körperlicher Schwäche sich befanden, daß sie den Weg nicht mehr fortsetzen konnten."[287]

Außerdem erwähnt er:

> „Von Flossemburg [sic!] wurden wir mit anderen italienischen Gefangenen, - 4 aus Görz – mit dem Zug nach Pirna – Zatschke [sic!] gebracht."[288]

Die Gruppe aus Görz (italienisch: Gorizia) dürfte also aus vier oder fünf Personen bestanden haben. Da Mario Tiberio, Stanislao Leghissa, Gino Torregrossa, und Luigi Villa überlebt haben, dürften es sich bei dem jungen Todesopfer aus Valvolciana um

---

285 BArch B 162 / 16167 S.365 -VP Mario T. 02.02.1977
286 BArch B 162 / 16167 S.368 -VP Stanislao L. 02.02.1977
287 BArch B 162 / 16167 S.370f. -VP Gino T. 16.02.1977
288 BArch B 162 / 16167 S.369 -VP Gino T. 16.02.1977

den 1926 in Görz geborenen Dorino Samokez[289] gehandelt haben. Möglicherweise kann sich auch der ehemalige SS-Wachmann Mathias Ostertag an dessen Tod erinnern. Er gibt 1977 zu Protokoll:

> „Ich habe an dem Evakuierungsmarsch teilgenommen. Meiner Erinnerung nach gingen alle Häftlinge mit. Es können nur ganz wenige gewesen sein, die zurückblieben. Was aus diesen wurde, weiß ich nicht. Die Häftlinge, die mit uns marschierten, ließen wir nach einiger Zeit laufen, bzw. wir selbst entfernten uns, weil wir den Russen entkommen wollten. Ich kann mich nur an eine einzige Schießerei auf dem Marsch erinnern. Das war ein relativ junger Mann, ich glaube es war ein Italiener, der nicht mehr laufen konnte. Hinter ihm ging ein SS-Mann, das war ein Scharführer aus Dresden. Der Häftling schrie immer, ich kann laufen, und der SS-Mann schrie, du kannst nicht mehr laufen und auf einmal knallte es und der junge Mann fiel in den Graben.
> Es gab für den Evakuierungsmarsch keinen Befehl, auf Häftlinge, die fliehen wollten, zu schießen. Es gab auch keinen Befehl, die Häftlinge die nicht mehr laufen konnten, zu erschießen. Den Befehl hat sich dieser Scharführer selbst gegeben. [...]
> Ich versuche, mich an den Namen des Scharführers aus Dresden zu erinnern, ich glaube, er hieß Koener (phonetisch) oder Kellner (phonetisch). Dabei handelt es sich nicht um den Josef Kellner aus meinem Heimatort, sondern um einen anderen."[290]

Sergio Rusich, der allerdings nicht persönlich als Augenzeuge bei der Evakuierung dabei war, berichtet:

> „Ich kann aus eigener direkter Kenntnis versichern, daß einer meiner Kameraden, Sohn eines Obersten des Zoll-

---

[289] FloNo.: 40306

[290] BArch B 162 / 16167 S.378f. -VP Mathias O. 27.04.1977

> dienstes in Görz, Pietro Squadrani, mit einem Schuß in die Stirn getötet wurde im Lager, will sagen: an einer Eisenbahnstation während des Marsches in Richtung Leitmeritz, weil er versucht hatte, eine Rübe zu nehmen, die zusammen mit anderen dalag. Squadrani entfernte sich wenige Meter von der Marschgruppe, um das Gemüse an sich zu nehmen, und wurde getötet."[291]

Dieser recht konkret geschilderte Todesfall ließ sich so nicht eindeutig bestätigen. Pierpaolo Squadranis[292] Ankunft im Lager Leitmeritz lässt sich nämlich dokumentarisch belegen. Der junge gebürtige Römer Jahrgang 1926 soll aber laut Rusichs Biografie am 28. April 1945 in Lobositz (Lovosice) erschossen worden sein. Es dürfte sich zu diesem Zeitpunkt bereits um die Evakuierung aus Leitmeritz gehandelt haben.
Carlo Sancin[293], geht wahrscheinlich von vier italienischen Opfern auf dem Marsch aus:

> „Ich erinnere mich jedoch, daß ich während eines Evakuierungsmarsches die Erschießung von vier Deportierten miterlebte, die nicht gehfähig waren. Ich erinnere mich auch daran, daß ein junger Mann aus dem Gebiet von Vipacco von einem SS Soldaten mit einem Pistolenschuß fertiggemacht wurde."[294]

Auch der SS-Schütze Ferdinand Leimeter bestätigt eine solche Häftlingserschießung auf Evakuierung:

> „Ein Italiener, der schon sehr schlecht laufen konnte und krank war, wurde von 2 anderen begleitet. Weil es diesen offensichtlich zu beschwerlich war, legten sie ihn neben der Straße auf die Böschung. Der Zug ging weiter über einen Hügel, wo Rast gemacht wurde. Ich weiß nicht, warum, jedenfalls gingen von Berg und sein Begleiter

---

[291] BArch B 162 / 16167 S.383 -VP Sergio R. 23.03.1977 vgl. Il Mio Diario
[292] FloNo.: 40291
[293] FloNo.: 40285
[294] BArch B 162 / 16167 S.392 -VP Carlo S. 05.02.1977

> zurück und wir hörten kurze Zeit später einen Schuß. Wo und wann sich dieser Vorfall genau ereignet hat, weiß ich nicht. Ich erinnere mich, daß wir zweimal übernachtet haben, einmal in einer Schule und einmal in einer Scheune. Ich glaube, daß dieser Vorfall noch vor der ersten Übernachtung, also am ersten Marschtag passierte.“[295]

Hinweise auf die einzelnen Todesopfer und Vorfälle sind für ein angemessenes Andenken erwünscht. Gerade die italienischen Todesopfer sollten anhand der vorliegenden Aussagen noch zu identifizieren sein.

IV. Die Häftlingsflucht des Russen namens Boris

Im Vernehmungsprotokoll des Stanislao Leghissa werden zwei Vorfälle der Evakuierung scheinbar miteinander verwechselt, bzw. vermischt. Er lässt protokollieren:

> „Was Verbrechen betrifft, bei denen ich anwesend war, so kann ich mich daran erinnern, daß während der Verlegung aus diesem Lager an einen anderen Ort, an dessen Namen ich mich nicht erinnere, ein Häftling – er hieß Boris und war aus der Zone von Görz – nicht mehr weiter konnte, da er entkräftet war. Er blieb zurück. Darauf hörte ich einen Pistolenschuß und ich meine daher, daß er getötet worden ist. Das war das Werk eines Soldaten der SS.“[296]

Dabei wird die Erschießung eines Italieners aus Görz einem Häftling namens Boris zugeordnet, bei dem es sich aber um einen geflohene Russen gehandelt haben dürfte. So heißt es ebenfalls nicht ganz richtig bei SS-Schütze Ferdinand Klaus:

---

[295] BArch B 162 / 16167 S.399 -VP Ferdinand L. 23.06.1977

[296] BArch B 162 / 16167 S.394 -VP Stanislao L. 20.04.1977

> „Ein einziges Mal ist einer entwischt. Dies war wenige Tage vor der Evakuierung. Es soll ein russischer Offizier gewesen sein. Wir haben ihn nicht gesucht, sondern ihn laufen lassen."[297]

Kapo Paul Kraft widerspricht dem allerdings mit den Worten:

> „Aus dem Lager ist keiner der Häftlinge geflohen. Einer[298] floh auf dem Transport von Flossenbürg nach Pirna, ein anderer auf dem Marsch von Pirna nach Leitmeritz."[299]

Kraft konkretisiert:

> „Ein Russe, er hieß Boris, ist geflüchtet auf dem Evakuierungsmarsch. Da ist wieder nichts passiert. Ich glaube, es wurde nicht einmal eine Meldung gemacht. Eine Flucht war kein Problem, es hat keiner der SS-Leute so genau aufgepasst. Die SS-Bewacher waren hauptsächlich ältere Männer, die ihren Beruf nicht gerne ausübten. Eine Ausnahme war nur von Berg, weil er noch etwas werden wollte. Er konnte sich nicht entschließen, uns in einem Ort im Erzgebirge zu lassen, sondern wollte uns bis Leitmeritz bringen. Im Lager Leitmeritz sind wir abgeliefert worden und haben von unseren Posten und von dem Berg nichts mehr gehört."[300]

Walter Dietrich[301] bestätigt diesen Vorfall:

> „Während des Marsches wurde niemand[302] marschunfähig. Häftlingstötungen sind nicht vorgekommen. Die

---

[297] BArch B 162 / 16167 S.346 -VP Ferdinand K. 12.05.1976
[298] Dabei wird auf die Flucht der zwei russischen Zivilarbeiter angespielt.
[299] BArch B 162 / 16167 S.355 -VP Paul K. 29.07.1976
[300] BArch B 162 / 16167 S.357 -VP Paul K. 29.07.1976
[301] FloNo.: 39979
[302] Das ist nach Lage der Dinge nicht richtig. Selbst von mehreren Wachleuten werden verschiedene solcher Tötungen bezeugt.

> Verpflegung war gut und ausreichend. Ein russischer Häftling floh und tauchte nicht mehr auf. Der Russe hieß mit dem Vornamen Borris und war Putzer beim Lagerältesten.“[303]

Bei diesem Russen dürfte es sich um den jungen Boris Terenschenko[304] gehandelt haben.
Nicht richtig scheint Dietrichs Aussage allerdings bezüglich der Erschießung von Marschunfähigen. Einzelne solcher Fälle, dürften auch bei der Evakuierung aus Mockethal-Zatzschke vorgekommen sein und werden auch von einigen Wachmännern bezeugt. SS-Schütze Fredinand Leimeter gibt aber widersprechend zu Protokoll:

> „Auf dem Marsch von Pirna nach Leitmeritz flohen mehrere Häftlinge. In keinem der Fälle wurde gesucht oder geschossen. Das war nicht einmal dann der Fall, als 3 Häftlinge, die sich entfernt hatten, uns von der Polizei wieder nachgebracht wurden. Sie liefen einfach weiter mit.“[305]

Das Hauptziel der Wachleute war daher anscheinend nicht die Häftlinge im Sinne eines sogenannten „Todesmarsches“ zu töten, sondern das Marschtempo bei der Flucht vor den gefürchteten Russen möglichst hoch zu halten, wofür auch das Zurücklassen der Marschunfähigen im Lager spricht.
Auch sollte berücksichtigt werden, dass nicht jedes Zurückbleiben von Marschunfähigen auf der Evakuierung und anschließend gehörte Schüsse, zwangsläufig deren Liquidierung bedeuteten. So gibt der polnische Jude Israel K. 1967 zu Protokoll:

> „Etwa im April 1945 evakuierte das Lager Pirna, ich blieb mit zweier meiner Gefährten zurück auch auf die Gefahr hinaus getötet zu werden, denn wir konnten einfach nicht mehr die Kraft aufbringen weiter zu gehen. Ei-

[303] BArch B 162 / 16166 S.67 -VP Walter D. 24.01.1968
[304] FloNo.: 24658
[305] BArch B 162 / 16167 S.400 -VP Ferdinand L. 23.06.1977

> ner der Wachmannschaften, der betraut war die Schwachen zu erschießen, schoss in die Luft und ließ uns sein. Bevor ich die Freiheit erlangte musste ich noch Vieles erleiden."[306]

Bei einer zweiten Vernehmung 1970 heißt es:

> „Dort blieb ich bis zur Evakuierung des Lagers Pirna. Ich ging in den Evakuierungsmarsch, unterwegs gelang es mir mit noch zwei Kameraden zu flüchten. Wir wurden von russischen Truppen befreit."[307]

Wer die beiden Gefährten waren, geht aus den vorliegenden Unterlagen nicht hervor. Es scheinen jedoch alle drei überlebt zu haben. Es hing also wenn es um das Überleben ging wahrscheinlich auch davon ab, in welcher Situation man an welchen Wachmann geriet.
Der überlebende Kapo Paul Kraft gibt außerdem zu Protokoll:

> „Wie ich bereits erzählt habe, ist auf dem Evakuierungsmarsch selbst meiner Erinnerung nach niemand erschossen worden. Wer nicht mehr laufen konnte, durfte auf die Panjewagen und wurde eine Zeit lang gefahren. Wenn einer davonlief, hat sich niemand weiter darum gekümmert."[308]

Das Mitführen der Pferdewagen und mitleidige Wachmänner dürften also größere Menschenverluste auf Evakuierung verhindert haben. Dass diese im Fall Mockethal-Zatzschke jedoch gänzlich ohne Erschießungen vonstatten ging, dürfte ein Irrtum sein. Möglicherweise wurden hier bewusst (selbst-)belastende Aussagen zurückgehalten oder negative Erinnerungen verdrängt. Dass in erster Linie nur von italienische Erschießungsopfern die Rede ist, liegt zum einen an der Größe der Häftlingsgruppe, außerdem vermutlich aber auch daran, dass im Rahmen der Lud-

---

306 Aussage Israel K. BArch B 162 / 8328 S.164 – 17.12.1967
307 Aussage Israel K. BArch B 162 / 8329 – 19.02.1970
308 BArch B 162 / 16167 S.361 -VP Paul K. 29.07.1976

wigsburger Ermittlungen neben einigen Wachmännern nur italienische Ex-Häftlinge, polnische Juden des Kommandos Bernsdorf & Co. und einige deutschsprachige Funktionshäftlinge zu den Lagerereignissen und Tötungshandlungen befragt wurden. Dass die Funktionshäftlinge überwiegend Häftlingstötungen verneinen, könnte neben den tatsächlich vergleichsweise „milderen“ Haftbedingungen in dem kleinen Lager Mockethal-Zatzschke auch mit daran liegen, dass sich die Funktionshäftlinge und Kapos nicht selbst oder gegenseitig belasten wollten. Vor allem aus der Gruppe der jüdischen Männer des Kommandos Bernsdorf & Co. gingen während der Ermittlungen einige harte Anschuldigungen hervor, deren Stichhaltigkeit allerdings teilweise widerlegt in anderen Fällen noch nicht bestätigt werden konnte. Zudem ist in vielen Fällen fraglich, welche Kommandoführer oder Wachmänner verantwortlich waren.

m) Die Befreiung in Zatzschke

Im Bericht der vom Evakuierungsmarsch vom Außenlager Dresden Universelle geflohenen Frauen Anneliese Mietke, Mathilde Grascha und Hedwig Köhler heißt es über die Verhältnisse in Mockethal nach Abmarsch der Evakuierungskolonne:

> „Ahnungslos kamen wir an unseren alten Lager Zatzschke vorbei, wo wir von der Gendarmerie ergriffen und wieder in Lager gebracht wurden. Hier befanden sich bereits einige Kameradinnen und noch 21 kranke Männerhäftlinge. Das Kommando hatte ein Wachtmeister der Gendarmerie übernommen, der gut zu uns war und sich sehr für uns einsetzte. Endlich durften wir wieder auf einen Strohsack schlafen und auch wurde für besseres Essen gesorgt. Wir kamen uns vor wie im Himmel. Ein Strohsack für die kranken Glieder und Wasser zum waschen. Nach zwei Tagen erschien der SS-Mann und wollte uns abholen. Wir gingen nicht mit und der Wachtmeister der Gendarmerie stand uns zur Seite. Der SS-Mann bedrohte mich mit erschießen, aber auch das konn-

te nicht erschüttern. 3 Kameradinnen ließen sich von ihm überreden und gingen auch mit, ihrem Tode entgegen. Denn diese hat er erschossen, die Leichen sollen nachher die Landser, die in der Entlausung Copitz tätig waren, gesehen haben. Jetzt wurde das Lager von der OT. mit 600 Auslandarbeitern belegt und wir wurden von der OT. verpflegt und beschäftigt. Wir waren nur noch 12 weibliche Häftlinge. 8 Häftlinge sind noch unter dem Kommando des von Berg in Lohmen erschossen und begraben worden, da diese nicht auf Transport kommen konnten, angeblich wegen schwerer Erkrankung. Eine Frau Schmidt, Pirna-Copitz, am Kießberg, kann noch die Namen der verstorbenen Häftlinge angeben, da dieselbe die kranken Männer Häftlinge treu verpflegt hat. Ein jüdischer Häftling soll sich noch im hiesigen Krankenhaus befinden.“[309]

Die Schilderungen der Frauen sind größtenteils glaubwürdig und recht präzise. Bei dem zuletzt genannten jüdischen Häftling handelte es sich um den geschwächten Hersch Weiskohl[310] aus der „Bernsdorfer“ Gruppe, der noch am 25. Dezember 1945 in Pirna den Auszehrungen der KZ-Haft erlag und am 31. Dezember auf dem Ortsfriedhof beerdigt wurde. Dokumente über die Identitäten der übrigen im Lager befreiten Häftlinge liegen nicht vor. Mit der Nennung von 21 männlichen Häftlingen, wird in den gesichteten Unterlagen die höchste konkrete Zahl genannt. Ob alle auch ursprünglich aus dem KZ-Außenlager Mockethal-Zatzschke stammten und wie viele von ihnen überlebten, ist nicht bekannt.
Die 12 verbliebenen Frauen dürften alle aus dem Kommando Dresden Universelle Maschinenfabrik gestammt haben. Nach Kapitulation und Befreiung werden auch die Häftlingsgräber in Augenschein genommen.
Zu den Begräbnisstellen des Lagers heißt es in einem Ergänzungs-Abschlussbericht am 2. Oktober 1945:

---

309 Bericht Mietke/Grascha/Köhler Mockethal, den 18.9.1945
310 FloNo.: 38549

„Anfang Januar d.J. wurde auf Flur Zatzschke in einer Sandgrube ein KZ-Behelfslager errichtet. Dort sind ebenfalls eine größere Anzahl Häftlinge verstorben, wovon 47 auf dem Friedhof in Lohmen beerdigt wurden. Da anzunehmen war, daß selbst in der Sandgrube verstorbene KZ-Häftlinge vergraben waren, wurde in dieser und der nächsten Umgebung eine Suchaktion durchgeführt. Dabei ergab sich, daß an einer Stelle annehmbar mehrere Tote lagen. An dieser Stelle befanden sich 3 kleine Holzkreuze. Auf dem einen war die Aufschrift in russischen Buchstaben [Schirschow Vasilij *1927] ersichtlich. Unweit davon wurde beim Nachgraben 1 Toter gefunden. Die Suchaktion wurde nunmehr abgeschlossen, ohne festgestellt zu haben, wieviel Tote an dieser Stelle lagen. Am 16.9.1945 wurde unter persönlicher Leitung des Herrn Oberbürgermeisters Wetzig, im Beisein des Leiters der Dienststelle „Opfer des Faschismus“, Herrn Hippe eine Besichtigung der Gräber auf dem Friedhof in Pirna [...] vorgenommen. [...] Weiter wurde vereinbart, im Friedenspark ein Mahnmal zu errichten und die noch in der Sandgrube Zatzschke liegenden Opfer an diese Stelle umzubetten. Am 27.9. 1945 wurde die Suchaktion fortgesetzt und es wurden an dieser Stelle 6 Tote gefunden, von denen 3 je ein Einzelgrab hatten, während die anderen Drei nebeneinander lagen. Sie lagen in 80 bis 100 cm Tiefe und waren ordnungsgemäß in ihrer Kleidung eingelegt, offenbar von Kameradenhänden. Nach den Nummern ihrer Kleidung zu urteilen, stammen sie aus dem Lager Floßenbirg [sic!] bei Weiden Oberpfalz. Der Verwesungszustand der Toten war sehr weit fortgeschritten. Sie wurden in Einzelsärge gebettet und nach dem Friedenspark in Pirna in ein inzwischen vorbereitetes Grab gemeinsam in würdiger Form beigesetzt. [...] Die in der Sandgrube Zatzschke geborgenen und im Friedenspark beigesetzten 6 Opfer werden vom Standesamt Lohmen beurkundet.“[311]

[311] Schreiben der Kriminalabteilung an den Oberbürgermeister der Stadt

Ob anhand der Häftlingsnummern eine Identifizierung der Opfer möglich war, geht aus den Unterlagen nicht hervor. Die Nummernbücher des KZ Flossenbürg sind nahezu vollständig überliefert. Selbst unvollständige Häftlingsnummern hätten zu einer Identifizierung führen können. Auch ist unklar, ob es sich um Todesfälle handelt, die sich nach Auflösung des Lagers unter den zurückgebliebenen Kranken ereigneten, wofür die Holzkreuze sprechen könnten, oder ob es sich um die letzten Opfer kurz vor der Evakuierung handelt. Möglicherweise lagen in dem Dreifach-Grab jüdische Männer von Bernsdorf & Co..
Ein 1927 geborener Vasilij Schirschow war bislang jedenfalls nicht nachzuweisen. Eine entfernte Namensähnlichkeit besteht nur zum laut Nummernbüchern 1924 geborenen Todesopfer Vasilij Scheribow.[312]

n) Der Versuch einer Opfer-Bilanz

In Theresienstadt wurden die ankommenden Häftlinge registriert und am 8. Mai 1945 befreit. Laut Lagerunterlagen des Außenlagers Leitmeritz ist der Transport aus Mockethal bereits am 19. April 1945 in Leitmeritz eingetroffen. Darunter auch mindestens 19[313] ehemalige Häftlinge aus der Schandauer Straße, die in Leitmeritz bzw. Theresienstadt befreit werden. Einer von ihnen, Simcha Szurek[314], erliegt den Entbehrungen und den Evakuierungsstrapazen, sowie einer Typhus und Tuberkuloserkrankung noch am 8. Juli 1945 in Theresienstadt. Mit den bekannten Überlebenden, die fliehen konnten oder im Lager zurückblieben haben mindestens 50% der von Bernsdorf & Co.nach Mockethal überstellten Dresdner Häftlinge überlebt. Zahlreiche Schicksale sind noch ungeklärt.

Pirna vom 2. Oktober 1945
[312] FloNo.: 40070
[313] FloNo.: 38354, 38372, 38376, 38400, 38404, 38406, 38421, 38424, 38439, 38451, 38459, 38460, 38464, 38471, 38518, 38519, 38528, 38538, 38565
[314] FloNo.: 38519

Ähnliches trifft auf den anderen Teil der Lagerbelegschaft zu. Auch von der Mockethaler Stammbelegschaft hat mindestens die Hälfte der Häftlinge überlebt und mehr als 50 Häftlinge haben das Lager Leitmeritz erreicht.
Insgesamt wurden 47 KZ-Häftlinge in Lohmen bestattet und 6 auf dem Lagerareal bestattete Häftlinge exhumiert und in den Friedenspark Pirna umgebettet, wo ein Gedenkstein an 13 Opfer des Faschismus erinnert. Dort wurde später auch noch ein 7. Häftling, Hersch Weiskohl bestattet, der sich nicht mehr von der KZ Haft erholen konnten und am 25.12.1945 im Krankenhaus Pirna verstarb. Zu diesen Toten kommen die kranken Häftlinge, die während oder nach der Überstellung nach Leitmeritz verstarben und die „Marschunfähigen“ die auf dem Todesmarsch nach Leitmeritz erschossen wurden oder vor Erschöpfung verendet sind. Diese Zahl der Todesfälle ist bislang schwierig einzuschätzen, dürfte aber nach Art der Äußerungen und konkreter Personenbeschreibungen sicher über 10 Personen gelegen haben.
Grundsätzlich stellt sich zudem immer noch die Frage, um welche Personen es sich handelt, die in Lohmen und Pirna bestattet wurden. Insgesamt müsste man also auf 53 oder gar 60 Todesfälle kommen, die sich im Lagerumfeld ereignet haben. Die Flossenbürger Häftlingsbücher geben darüber nur bedingt Auskunft.
Von der 100-köpfigen Stammbelegschaft wurden 13 Verstorbene abgemeldet und wahrscheinlich 10 Opfer in Lohmen bestattet.[315] Kuzma Drobacher, das dritte Opfer, wohl das erste unter Erich von Bergs Führung ruht auf dem Johannisfriedhof Dresden Tolkewitz. Zwei Rücküberstellte fanden in Leitmeritz ihre letzte Ruhestätte. Aus dem Kommando Dresden Bernsdorf dürften zudem mindestens 11 Personen in Mockethal-Zatzschke verstorben und in Lohmen bestattet worden sein.[316] Der Bericht Mietke, Graschas und Köhler legt zudem nahe, dass es auch Todesfälle unter den Frauen aus dem Kommando Universelle im

---

[315] FloNo.: 4997 [Leitmeritz], 14951, 23123, 27303 [Dresden Tolkewitz], 35270, 38623, 39991, 40070, 40073, 40280 [Leitmeritz],40295, 40310, 40316
[316] Vgl. Kapitel f)

Ausweichlager Zatzschke gab. Eine Opferzahl und Angaben zu konkreten Todesfällen liegen nicht vor.
Zudem sollen einige Frauen eines Evakuierungsmarsches aus Dresden kurz vor Kriegsende in Mockethal-Zatzschke erschossen worden sein. Die Opferzahl variiert in den Zeugenberichten. Möglicherweise sind daher einige in Lohmen oder auf dem Lagergelände bestatteten Toten auch anderen Evakuierungs- und Todesmärschen zuzuschreiben. Zu klären wäre diesbezüglich welche Marschgruppen Zwischenstation im Lager machten, und ob eventuell Tote im Lager zurückgelassen wurden. Es könnte sich zum einen um Frauenleichen der Transportgruppe aus dem Februar 1945 handeln, die von Berg bei seiner Rückkehr aus Königstein im Lager beobachtet haben will, zudem käme der Transport aus dem KZ-Flossenbürg in Betracht, der laut Mietke, Grascha und Köhler im März 1945 in einer Stärke von angeblich 1000 Mann im Lager Station machte. Aufgrund des Charakters des Lagers Mockethal-Zatzschke als Ausweich- bzw. Durchgangslager müssen also nicht alle Toten der registrierten Lagerbelegschaft zuzurechnen sein.
Grundsätzlich ist allerdings davon auszugehen, dass wie im Fall Antonin Villard[317] oder des auf dem Lagergelände bestatteten jungen Russen einige Todesfälle aus dem April nicht mehr an das Stammlager gemeldet oder in den Nummernbüchern verzeichnet wurden. Zudem könnten einzelne frühere Meldungen auf dem Postweg durch Kriegsereignisse verloren gegangen sein, so dass sich gewisse Dokumentationslücken für die durch die KZ-Verwaltung verzeichneten Todesfälle ergeben. Jedes zukünftig geklärte Schicksal wird also auch mehr Klarheit für die Beantwortung der offenen Fragen bringen.
Ob einige Leichen auch direkt auf dem Lagergelände verbrannt und gar nicht offiziell bestattet wurden, wie dies die überlebenden Frauen aus dem Kommando Universelle andeuten, muss vorerst offen bleiben.
Eine statistische Mortalität für das Lager Mockethal-Zatzschke lässt sich daher auch nur schwer bestimmen. Die Gesamtlagersterblichkeit der Stammbelegschaft dürfte aber zwischen 15%

[317] FloNo.: 39991

und 50% gelegen haben. Mindestens die Hälfte der Häftlinge hat das Jahr 1945 überlebt, auch wenn einzelne, wie Jacques Pasquette[318] in der Tschechoslowakei oder Hersch Weiskohl in Pirna noch spät den Entbehrungen der KZ-Haft erlagen.

Nach dem Krieg mussten viele der Befreiten, vor allem die jüdischen Häftlinge, komplett neu beginnen, ein Leben und eine Existenz aufzubauen. Im Gepäck hatten sie dabei nicht selten gesundheitliche Schädigungen oder Beeinträchtigungen in Folge der erlittenen Haft und die traumatischen Erinnerungen an die Kriegs- und Verfolgungserlebnisse. Anerkennung und Entschädigung blieb für viele Rückkehrer über Jahrzehnte aus. Nicht allen gelang es, sich mit ihrem Leben und dem Zugestoßenen zu versöhnen oder ein persönliches Arrangement zu finden. Dieses Buch soll das Leid der Überlebenden und Toten dem Vergessen entreißen.

PierPaolo Squadrani – Selbstporträt

[318] FloNo.: 10058 – verstorben 04.06.1945 nach der Befreiung [Leitmeritz].

Teil 2 – Personen im Lagerumfeld Wachpersonal, Belegschaft und Bevölkerung

2.1.1 Das Wachpersonal im KZ Mockethal-Zatzschke

Die Wachmannschaft in Mockethal-Zatzschke bestand laut Stärkemeldung vom 5. März 1945 am 28. Februar 1945 aus einem Kommandoführer mittleren Ranges und 13 Wachmännern niederen Ranges. Als Bewaffnung werden 12 Gewehre und eine Pistole angegeben.[319] Einen Monat später wird ein zusätzlicher SS-Mann mittleren Ranges und nur noch 12 Wachposten niederen Ranges, aber ein zusätzliches Gewehr bei der Bewaffnung angegeben.[320] Ob eine Person befördert wurde oder es einen Austausch beim Bewachungspersonal gab, ist nicht überliefert. Insgesamt dürften aber fast alle Wachleute, die im Lager Dienst versahen, namentlich bekannt sein.
In der Begründung der Verfahrenseinstellung des Ermittlungsverfahrens gegen den zweiten Kommandoführer Erich Gerhard von Berg heißt es am 4. Mai 1979:

> „Die Ermittlungen ergaben, daß eine Gruppe von ca. hundert männlichen Häftlingen am 10. Januar 1945 aus dem Lager Flossenbürg nach Pirna kam und am Rande dieser Stadt in einer Kiesgrube das Nebenlager Mockethal-Zatschke [sic] errichtete. Transportführer der Häftlingsgruppe war SS-Oberscharführer Görgel, der nach Ablieferung der Häftlinge nach Flossenbürg zurückkehrte."[321]

[319] Stärkemeldung der Wachmannschaften und ihrer Bewaffnung sowie der Häftlinge der Arbeitslager im Dienstbereich des Höheren SS- und Polizeiführers des SS-Oberabschnittes ELBE nach dem Stand vom 28. Februar 1945 ITS Arolsen, Historisches Archiv, Flossenbürg-Sammelakt 10

[320] Stärkemeldung der Wachmannschaften und ihrer Bewaffnung sowie der Häftlinge der Arbeitslager im Dienstbereich des Höheren SS- und Polizeiführers des SS-Oberabschnittes ELBE nach dem Stand vom 31. März 1945 ITS Arolsen, Historisches Archiv, Flossenbürg-Sammelakt 10

[321] BArch B 162 / 16167 S.450

Mit ihm dürften etwa ein Dutzend Volksdeutsche SS-Männer ins Lager gekommen sein, die dort zur Bewachung der Häftlinge verblieben. Sie sollen zunächst einem SS-Oberscharführer namens Plager unterstanden haben, dessen Identität im Rahmen der Ludwigsburger Ermittlungen nicht festgestellt werden konnte. Es ergibt sich folgenden Übersicht:

Dienstrang	**Name**	**Geburtstag**
Oscha. [Oberscharführer]	Görgel	nicht bekannt
Oscha. [Oberscharführer]	Plager	nicht bekannt
Oscha. [Oberscharführer]	Von Berg, Erich	06.07.1908 Hüttensteinach in Thüringen
Uscha. [Unterscharführer]	nicht bekannt	nicht bekannt
Rttf. [Rottenführer]	Nowak	nicht bekannt
Schtz. [Schütze]	Albrecht, Johann	01.11.1902
Schtz. [Schütze]	Baranyai, Josef	05.05.1897
Schtz. [Schütze]	Frehr, Adam ['Freer']	22.06.1922 Glogowatz Cloboratz/Rumänien
Schtz. [Schütze]	Kallner, Josef [Kellner]	31.05.1901
Schtz. [Schütze]	Karn, Michael [Kern]	28.09.1909
Schtz. [Schütze]	Klaus, Ferdinand [Klausz]	02.10.1904 Wolfs Ungarn
Schtz. [Schütze]	Leimeter, Ferdinand [,Koelnmeter']	22.04.1902 Vecses [22.04.1903] Ungarn
Schtz. [Schütze]	Ostertag, Mathias	11.10.1900
Strm. [Sturmmann]	Hottelitsch, Josef [,Rotelitsch'.] [Hotelitsch]	22.03.1913 Tovarnic Jugoslawien
Schtz. [Schütze]	Salsch	
Schtz. [Schütze]	Turmer, Josef [Tuner, Johann]	29.10.1915
	???, Willi	Thüringen
Kommandoführer [?]	Ulmer	
Scharführer [?]	Brick	

2.1.2 SS-Oberscharführer Erich von Berg

SS-Oberscharführer Erich von Berg hatte in seiner KZ-Karriere etliche Außenlager des KZ-Flossenbürg nach ihrer Gründung geleitet und eingerichtet. Er ist daher einer der SS-Kommandoführer des Lagersystems Flossenbürg, der die meisten Außenlager zeitweise kommandiert oder organisatorische Aufgaben übernommen hatte. Er wurde deswegen auch relativ häufig durch die Ludwigsburger Ermittler vernommen, aber selbst anscheinend, da ihn niemand eines noch verfolgbaren Morddeliktes beschuldigte, nie zur Verantwortung für seine leitende KZ-Tätigkeit gezogen. Alle anderen Verbrechen gegen die Menschlichkeit waren zum Ermittlungszeitpunkt bereits verjährt. Ganz widerspruchsfrei ist von Bergs Ruf aber nicht. Der Überlebende Walter Dietrich erinnert:

> „Die [Wachmänner aus] Ungarn waren zurückhaltend und haben die Häftlinge in Ruhe gelassen. Von Berg war als „scharf“ bei den Häftlingen gefürchtet. Er war sehr schnell mit der Prügelstrafe (Stockhiebe) bei der Hand. Auch mir hat er einmal, als die Arbeitsleistung meiner Gruppe offenbar nicht zufriedenstellend war, 25 Stockhiebe angedroht. Nur auf Intervention der OT-Leitung wurde diese Strafe nicht vollstreckt.“[322]

Der ehemaligen SS-Wachmann Ostertag gibt zu Protokoll:

> „Der Berg war ein guter Mensch, er hat mit niemandem etwas gehabt. [...] Der Berg war nicht der Scharführer, der den jungen Italiener erschossen hat. Ich weiß nicht mehr, wo sich Berg während des Marsches aufgehalten hat, ich habe ihn aber in Lony[323] wieder gesehen, wo wir auf die Russen trafen.“[324]

[322] BArch B 162 / 16166 S.67 -VP Walter D. 24.01.1968
[323] Wahrscheinlich das tschechische Louny bzw. Laun.
[324] BArch B 162 / 16167 S.379 -VP Mathias O. 27.04.1977

2.1.3 Aussagen über Kommandoführer und Wachmänner

Im Lager Mockethal-Zatzschke herrschte in leitender Position eine gewisse Fluktuation. Dabei sind die Funktionärswechsel nicht eindeutig dokumentiert und Personenbeschreibungen vielfältig. SS-Oberscharführer Erich von Berg erinnert sich:

> „Kurze Zeit hatte ich tatsächlich einen Wachhabenden, der sehr kräftig war und durch seinen üppigen Haarwuchs auffiel. Seinen Namen weiß ich nicht mehr. Ich weiß aber, daß er aus Aussich[325] (Sudetenland) stammte und dort vor seiner Einberufung in einem Beerdiguns-institut arbeitete."[326]

Außerdem gibt er 1978 zu Protokoll:

> „Es ist richtig, daß in der Schreibstube in Zatschke [sic] ein Unterscharführer beschäftigt war. Er wurde einmal abgelöst. Ich kann mich an die Namen nicht mehr erinnern. Einer von ihnen, der zweite, ein langer dünner mit Brille, war Student aus München."[327]

Der ehemalige Funktionshäftling Paul Kraft erinnert:

> „Jetzt entsinne ich mich an einen, das war der Herr Nowak. Dieser blieb nicht bis zum Evakuierungsmarsch im Lager, sondern wurde schon vorher versetzt, weil er etwas mit Mädchen hatte oder so. Die Frau Nowak habe ich noch vor zwei Jahren in Pirna besucht. Sie ist geschieden und hat wieder geheiratet. [...] Ich wollte mit Herrn Nowak wieder Kontakt aufnehmen, weil er einer von den SS-Leuten war, die mehr für die Häftlinge getan haben als viele andere. Er hat einigen das Leben gerettet."[328]

---

[325] Aussig – Usti nad Labem

[326] BArch B 162 / 16167 S.422 -VP Erich von Berg. 20.01.1978

[327] BArch B 162 / 16167 S.422 -VP Erich von Berg. 20.01.1978

[328] BArch B 162 / 16167 S.355 -VP Paul K. 29.07.1976

Deutlich abfälliger äußert sich sein ehemaliger Wachkollege Ostertag über Nowak:

> „Als wir ankamen, war meiner Erinnerung nach kein Lagerkommandant da. Er kam erst einige Tage oder Wochen später. Es war ein etwa 60-jähriger Mann, der meiner Erinnerung nach aus dem Rheinland stammte. Er dürfte Ulmer geheißen haben. [...] Ich kann mich an diesen Kommandanten Ulmer erinnern, weil er es war, der nach Flossenbürg schrieb, daß der Rottenführer Nowak sich so schlecht aufführe und den anderen SS-Leuten das Essen wegnehme. Er hat uns das Essen gestohlen, um es seiner Hure zukommen zu lassen. Um den Nowak war eine Clique von weiteren zwei SS-Leuten, einem Scharführer aus Dresden und dem Hotelitsch aus Jugoslawien. Diese drei wurden dann gleichzeitig nach Flossenbürg zurückbeordert. Als Ersatz kamen zwei neue Scharführer, an deren Namen ich mich nicht genau erinnere. Brick, Berg oder so ähnlich dürften sie geheißen haben. Ich glaube, die beiden kamen im März 1945.“[329]

Möglicherweise gehörte auch Adam Frehr zu der Gruppe, die später nach Flossenbürg versetzt wurde. Er lässt protokollieren:

> „Ich wurde Ende Februar oder Anfang März aus dem Lager abberufen und kam nach Flossenbürg zurück. Ich war vorgesehen für einen erneuten Fronteinsatz, wozu es aber nicht mehr kam. Mit mir zusammen wurde der Oberscharführer abberufen. Er kann auch Hauptscharführer gewesen sein, jedenfalls war er ein Unteroffiziersdienstgrad. Er hatte ungefähr mein Alter, vielleicht war er 2 oder 3 Jahre älter als ich.“[330]

[329] BArch B 162 / 16167 S.376f. -VP Mathias O. 27.04.1977
[330] BArch B 162 / 16167 S.341 -VP Adam F. 23.06.1976

Der Ex-Wachmann Ferdinand Leimeter äußert:

> „In der Wachmannschaft gab es einige Male einen Wechsel. So wurden kurze Zeit nach unserer Ankunft im Nebenlager die 2 Dienstgrade[331], von denen ich vorher sprach, abgezogen, ohne, daß sofort ein Ersatz für sie gekommen wäre. Ich weiß nicht, warum der Kommandant und diese beiden Dienstgrade abgezogen wurden. Kurze Zeit nachdem von Berg und sein Begleiter angekommen waren, erschien ein weiterer Dienstgrad, ein schon etwas älterer Mann, der sich dann speziell um die Wachmannschaft kümmerte. Er kontrollierte uns in unserer Stube und auf den Posten, Dinge, um die sich von Berg nie gekümmert hatte. Ich wusste nie, wie dieser Mann hieß. Ich weiß nur, daß er sehr kräftige Augenbrauen und einen Schnurrbart hatte, überhaupt erinnere ich mich an seinen starken Haarwuchs. Er sah ganz anders aus als von Berg, der zwar auch dunkel war, aber eine glatte feine Gesichtshaut hatte."[332]

Der Überlebende Italiener Sergio Rusich äußert:

> „Ich erinnere mich folglich, daß einer, der erste, den wir im Lager angetroffen haben, ein Oberwachtmeister von ca. 36 Jahren war, etwa 1,85 groß, von athletischer Statur, robust, glatte wenige Haare, himmelblaue Augen, ausgeprägte Nase, ausgeprägtes Kinn. Ich kann mich daran erinnern, daß er auch Handarbeiten verrichten konnte, denn ich sah ihn einmal, wie er persönlich Pfähle mit einem schweren Hammer einschlug, wobei er bemerkenswerte Geschicklichkeit und Kraft zeigte. Diese Person war der Lagerkommandant. Darauf kam in der gleichen Funktion und dem gleichen Dienstgrad (Oberwachtmeister) ein anderer, der ganz anders als sein Vorgänger war: ca. 38 Jahre alt, ca. 1,70 groß, sehr bleich,

---

[331] Hier sind zwei gegenüber Leimeter ranghöhere Wachmänner gemeint, die mit SS-Oberscharführer Plager eingetroffen waren.
[332] BArch B 162 / 16167 S.398 -VP Ferdinand L. 23.06.1977

> rundes Gesicht, mit feinerem Verhalten, schmalen Händen, dunklen Haaren, eine leichte Glatze; an andere Einzelheiten erinnere ich mich nicht."[333]

Hiermit dürfte der Funktionärswechsel von SS-Oberscharführer Plager auf Erich von Berg beschrieben worden sein.
Ex-Häftling Franz Fürstner entlastet einen Teil der Waschmannschaft folgendermaßen:

> „Bewachungsorgane für unser Lager waren ältere SS-Leute, durchwegs Volksdeutsche. Mit diesen Bewachungsorganen hatten wir in der letzten Zeit sogar guten freundlichen Kontakt und es wurden zwischen uns sogar schon Pläne für eine evt. Flucht geschmiedet, zu deren Ausführung es jedoch nicht mehr kam."[334]

Wer an diesen Planungen beteiligt war, wird nicht konkretisiert.

2.1.4 Die Aufseherinnen

Da es sich beim Außenlagerstandort Mockethal-Zatzschke ursprünglich um ein Männerlager handelte, hatte es zunächst keine SS-Aufseherinnen gegeben. Diese trafen erst als Transportbegleitung der Evakuierungsmärsche nach der großen Bombardierung aus Dresden ein. Als die weiblichen Häftlinge der Außenlager Dresden Bernsdorf & Co. und Universelle Maschinenfabrik das Lager wieder räumten, verließen sie Mockethal-Zatzschke wieder. Da über die provisorische Unterbringung der Häftlinge in Mockethal wenig bekannt ist und kaum Dokumente existieren, kann auch nicht im einzelnen belegt werden, welche Aufseherinnen sich wann im Lager aufhielten. Erinnert werden scheinbar nur wenige Frauen. Eine Aufseherin namens Herta, eine die aus Frankfurt stammte und zwei aus Dresden, die am 3. März ins Außenlager Dresden-Reick versetzt werden sollten, dort aber bis zum 29. März scheinbar nicht eingetroffen waren.

---

[333] BArch B 162 / 16167 S.384 -VP Sergio R. 23.03.1977
[334] BArch B 162 / 16166 S.42 -VP Franz F. 29.11.1967

Der ehemalige Kapo Paul Kraft berichtet über sie:

> „Gegen zwei SS-Aufseherinnen sollte es zu einem Verfahren vor dem Militärgericht kommen, weil sie sich an einem Abend im Lager mit uns Häftlingen abgegeben hatten, d.h. wir hatten uns mit ihnen unterhalten, und später hatten sie uns noch einen Brief geschrieben, in dem sie mit uns ein Rendezvous ausmachten. Dieser Brief fiel von Berg in die Hände und er veranlaßte daraufhin die Einleitung eines Verfahrens gegen die Beiden, gegen Margot Schade und Hanni Weber. Dazu kam es aber nicht mehr wegen des Kriegsendes.“[335]

Weitere Äußerungen zu dem Vorfall liegen nicht vor. Die Episode erscheint aber im Kern authentisch da sich beide Aufseherinnen dokumentarisch für den Raum Dresden belegen lassen. Außerdem erinnert der ehemalige Wachposten Mathias Ostertag:

> „Die Aufsicht im Lager hatten einige SS-Mädel, die alle zwischen 20 und 30 Jahre alt waren. Eine davon war aus Frankfurt, das weiß ich noch, weil ich sie in Loni[336] wiedergesehen habe, wo sie mit mir zusammen in russische Gefangenschaft kam. Ich glaube, sie ist dort umgekommen.“[337]

Hinweise zu ihrer Identität liegen nicht vor. Ferdinand Leimeter berichtet:

> „Jedenfalls kamen nach der Bombardierung auf Dresden Frauen, ca. 50 aus Dresden oder aus Heidenau zu uns ins Lager. Zu diesem Zeitpunkt war von Berg schon da. Die Frauen waren von ein oder zwei SS-Aufseherinnen begleitet, an eine kann ich mich noch erinnern, es war eine margere lange, die sehr krank und schwach war. Sie

---

[335] BArch B 162 / 16167 S.357f. -VP Paul K. 29.07.1976

[336] Hier ist wohl das tschechische Louny bzw. Laun gemeint.

[337] BArch B 162 / 16167 S.377 -VP Mathias O. 27.04.1977

> nannte sich Ruth oder Trudl oder so ähnlich. Der Trupp der Frauen war von einem Offizier [wahrscheinlich Scharführer Schmerse] begleitet, einem SS-Mann.“[338]

Die kranke Aufseherin dürfte also aus dem Außenlager Dresden Bernsdorf gestammt haben. Eine Aufseherin namens Herta, wahrscheinlich auch aus diesem Kommando soll sich im Ausweichlager an den Essensrationen der Häftlinge bedient haben.

2.2 Die Bevölkerung

Da es sich bei dem Bauprojekt in Mockethal-Zatzschke um ein geheimes Verlagerungsvorhaben handelte und die Lage des Lagers recht versteckt war, bestanden mit der Zivilbevölkerung der Region Pirna kaum Berührungspunkte. Dennoch dürften die Anwohner von dem Baukommando der Organisation Todt und dem Häftlingslager in Zusammenhang mit dem Stollenausbau Kenntnis gehabt haben. So kehrten die Wachmannschaften z.B. in einer nahegelegenen Wirtschaft ein. Wachmann Adam F.:

> „Eine Schnapsbrennerei befand sich mit Sicherheit nicht in der Nähe des Lagers. Ich weiß lediglich von einer Wirtschaft, die glaube ich das Symbol der Taube hatte. Sie lag noch etwas weiter außerhalb auf der Straße von Pirna [nach Lohmen], die am Lager vorbeiführte.“[339]

In der *Weißen Taube* wurde in der Freizeit gelegentlich ein Bier getrunken. Als das Ausweichlager Mockethal-Zatzschke aber nach der Bombardierung Dresdens wegen Überfüllung aus allen Nähten platzte und Trinkwasser knapp wurde, da es im Lager keine Wasserleitung gab, soll der Gastwirt Leubner der Weißen Taube die Benutzung seines Brunnens zur Häftlingsverpflegung verweigert haben. Dies ist allerdings nur einseitig aus dem Bericht der Überlebenden Mietke, Köhler und Grascha überliefert.

---

[338] BArch B 162 / 16167 S.398 -VP Ferdinand L. 23.06.1977
[339] BArch B 162 / 16167 S.343 -VP Adam F. 23.06.1976

Bei den Häftlingsbestattungen auf dem Friedhof Lohmen könnte neben dem Ortsgeistlichen auch die Bevölkerung Kontakt zur Lagerbelegschaft bekommen haben. Der ehemalige Funktionshäftling Paul Kraft schildert:

> „Ich war einige Jahre später wieder einmal in Pirna und habe den Pfarrer getroffen, der die Beeerdigungen der Häftlinge vorgenommen hat. Ich war auch auf dem Friedhof, ich kann mich aber nicht mehr erinnern, wie viele Gräber bestanden. Meines Wissens nach wurde auch ein Sammelgrab angelegt. Ob der Geistliche noch lebt, weiß ich nicht. In 4 Wochen kann ich es sagen, denn ich stehe noch in brieflicher Verbindung mit dem Bauern in der Nähe des Lagers Pirna. Den habe ich auch nach 1945 besucht, als seine Töchter Konfirmation hatten."[340]

Einige Bäuerinnen haben auch für die nach der Evakuierung zurückgebliebenen Häftlinge gekocht. Paul Kraft konstatiert:

> „Daß im Lager Pirna keine[341] Tötungen vorgekommen sind, ist meines Erachtens darauf zurückzuführen, daß sowohl Häftlinge als auch SS-Leute von der Bevölkerung und von der zivilen Firma stark beobachtet wurden. Es konnte sich niemand etwas erlauben. Auch die Häftlinge hatten Kontakt zur Bevölkerung. Wir waren in der gleichen Gaststätte, der „Weißen Taube", in der auch die SS-Leute verkehrten. Diese große Kontrolle hat Übergriffe verhindert."[342]

Ein Besuch der Gastwirtschaft war aber sicher nur den Funktionshäftlingen vergönnt. Insgesamt war die zivile Kontrolle über das Lager und die Einflussnahme durch die Bevölkerung im betrachteten Außenlagerstandort vergleichsweise gering. Besonders human scheint es im Lager nicht zugegangen zu sein,

---

[340] BArch B 162 / 16167 S.359 - VP Paul K. 29.07.1976

[341] Das ist so mit letzter Sicherheit nicht belegt.

[342] BArch B 162 / 16167 S.361 - VP Paul K. 29.07.1976

insbesondere im Ausweichlager-Zatzschke müssen katastrophale Unterbringungs-, Verpflegungs- und Hygienebedingungen geherrscht haben. Vom Kontakt zu einer zivilen Belegschaft oder Anwohnern der Lohmener Straße wird sonst kaum berichtet. Lediglich gegen Ende des Krieges, als die verbliebenen Häftlinge des Kommandos Dresden Universelle zurück nach Pirna kamen, dürfte das Häftlingsleid für die gesamte Bevölkerung sichtbar geworden sein. Mietke, Köhler und Grascha berichten:

> „Dann ging es wieder auf Transport. Die jüdischen Häftlinge wurden zur Vernichtung nach Königstein gebracht und wir gingen nach Pirna. Fast jeder Einwohner Pirnas kann sich wohl entsinnen, wie wir vor dem Rathaus standen und auf Unterbringung warten mußten. Eine Frau äußerte sich sogar: „Wer weiß, weshalb die im Lager sind, umsonst jedenfalls nicht." Wir durften uns ja nicht verantworten, sonst hätte es wieder Schläge gegeben. In der „Mitteldeutschen Spinnhütte" bezogen wir auf einige Zeit Notquartier, dann ging es wieder weiter, der Vernichtung entgegen. Uns log man vor, wir kämen zu einem Bauern und von dort erhielten wir unsere Freiheit. Man hatte aber von unserer Seite die SS belauscht und gehört, daß wir abseits von Pirna getrieben werden sollen, um dort erschossen zu werden. Bei Vollalarm wollte man mit uns über die Brücke. Plötzlich wurden wir von Tieffliegern beschossen und alles rannte auseinander, zuerst die SS, die sich gar nicht mehr um uns kümmerte. Auch hier wurden einige Häftlinge verletzt. Der Kommandoführer saß in einem Keller und zitterte um sein Leben. Jetzt wurden auch wir von der Verzweiflung erfaßt und beschlossen zu fliehen. Eine Kameradin und ich machten uns auf den Weg nach Berlin. Unterwegs fragten wir Passanten nach dem Wege dorthin. Ahnungslos kamen wir an unserem alten Lager Zatzschke vorbei, wo wir von der Gendarmerie ergriffen und wieder in[s] Lager gebracht wurden. Hier befanden sich bereits einige Kameradinnen und noch 21 kranke Mithäftlinge."[343]

---

[343] Bericht Mietke/Grascha/Köhler Mockethal, den 18.9.1945

Teil 3: Stationen der Deportation Häftlingsüberstellungen und Transporte

3.1 Transport vom 10. Januar 1945

Der Gründungstransport zum Bau das Barackenlagers im KZ Mockethal-Zatzschke war äußerst heterogen. Es können nicht nur mehr als 10 Nationalitäten sondern auch diverse Häftlingskategorien nachgewiesen werden. Neben etwa einem Viertel russischen Zivilarbeitern und politischen Italienern, waren auch sieben russische Kriegsgefangene und mindestens vier Juden im Lager. Auch die sehr unterschiedlich hohen Flossenbürger Häftlingsnummern zeugen von den unterschiedlichen Deportationszeitpunkten. Insgesamt wurden aber scheinbar alle 100 Häftlinge im Jahr 1944 in Flossenbürg eingeliefert. Die Nummer 3205 wurde dabei am 31.01.1944 und die 40325 am 21.12.1944 vergeben. Etliche der Häftlinge waren aber zuvor bereits Häftlinge anderer Konzentrationslager. So wurde Kapo Paul Kraft bereits am 11.05.1940 in das KZ Dachau eingewiesen und erhielt dort die Häftlingsnummer 10510. Auch für zwei französischen Schutzhäftlinge sind die Buchenwalder Häftlingsnummern 185770 und 186180 überliefert. Zudem können die Konzentrationslager Groß Rosen, Sachsenhausen und Plaszow belegt werden. Ein großer Teil der Häftlinge, z.B. der überwiegende Teil der Italiener wurde aber von der Gestapo erstmalig in ein Konzentrationslager, in diesem Fall in das KZ Flossenbürg, eingewiesen. Bei Ankunft in Mockethal handelte es sich also noch um relativ frische Arbeitskräfte, an deren Gesundheit durch die Haftbedingungen schnell Raubbau betrieben wurde. Todesfälle waren daher in den meisten Außenlagern vorherzusehen und ideologisch einkalkuliert.

Um genauere Aussagen zur Häftlingssterblichkeit treffen zu können, wären Rückmeldung seitens Angehöriger und Organisationen wünschenswert, um die bis heute verbliebenen unbekannten Schicksale noch zu klären.

3.2 Der Transport aus Porschdorf

Der Ausgleichstransport aus dem Lager Porschdorf brachte dann noch einmal „frischere“ Arbeiter für verstorbene und arbeitsunfähige Häftlinge ins Lager. Neun der 15 Häftlinge waren erst am 23.01.1945 aus Italien in Flossenbürg eingetroffen. Mit ihnen kamen ein paar erfahrenere Häftlinge und Kapos. Einem war bereits im Juni 1943 die Flossenbürger Häftlingsnummer 2355 zugeordnet worden. Möglicherweise war die Gruppe auch nach gewissen Handwerks-Gewerken und technischen Kenntnissen ausgesucht worden. Das Alter lag ähnlich wie beim Gründungstransport zwischen den Jahrgängen 1901 und 1926

3.3 Die jüdischen Häftlinge vom Lager Dresden Bernsdorf

Die Gruppe der jüdischen Häftlinge, die aus dem Stadtteil Dresden Striesen evakuiert und später nach Mockethal überstellt worden waren, bildeten, lediglich vom Alter der Häftlinge abgesehen, eine recht homogene Gruppe. Sie hatten fast alle bereits im polnischen Ghetto Lodz für das Metallressort gearbeitet und waren im Herbst 1944 vom Ghetto Litzmannstadt über Auschwitz in das KZ Stutthof deportiert worden. Dort hatten sie Häftlingsnummern zwischen 84132 und 84371 sowie 99133 und 99945 erhalten. Vier Häftlinge gehörten dabei ursprünglich nicht zur Ressortgruppe und waren ersatzweise in Stutthof angegliedert worden.[344] Mit dem 1880 geborenen Beral Najberg[345], war der älteste Häftling des Lagers in dieser Gruppe. Er war bereits zu Kriegszeiten 65 Jahre alt und hat die Strapazen nicht überlebt. Zudem gab es drei sehr junge Burschen im Lager, von denen zwei, Dan Szurek[346] und Motek Hostejk[347] maximal 16 Jahre alt, und somit die jüngsten offiziellen Häftlinge des Außenlagers Mockethal-Zatzschke waren. Sie wurden in Theresienstadt befreit.

---

[344] Vgl. Pascal Cziborra. KZ Dresden Striesen

[345] FloNo.: 38478

[346] FloNo.: 38518

[347] FloNo.: 38431

Teil 4: Statistik, Daten, Diagramme
Forschungsstand und Datenbasis

4.1 Fehlerhafte Literatur und falsche Daten

In diesem Kapitel sollen einige Fehler oder fragwürdige Aussagen in der vorhandenen Sekundär- und Zeugnisliteratur zum Außenlager Mockethal-Zatzschke angesprochen werden, um die Fehlinformationen ausdrücklich richtigzustellen. Da es zu diesem Außenlager bislang kaum Literatur gab, halten sich die Korrekturen aber in einem äußerst überschaubaren Rahmen. Leichte Varianzen liegen beispielsweise zu den Häftlingsnationalitäten und Haftgründen der Mockethaler Häftlinge in den Nummernbüchern und Häftlingskarteien unterschiedlicher Lager und Institutionen vor. Grobe Unstimmigkeiten sind in der bisher vorhandenen Forschungsliteratur daraus aber nicht entstanden.

4.2 Übertriebene und falsche Häftlingsaussagen

Auch die Häftlingserinnerungen entsprechen nicht immer ganz der historischen Wahrheit. Das ist aber ein ganz gewöhnliches Phänomen dem alle Menschen und ihr Gedächtnis unterliegen.[348] Da aber erst einmal jede Aussage ernst genommen und geprüft werden muss, sollen zweifelhafte Aussagen oder verzerrte Erinnerungen nicht einfach aussortiert oder verschwiegen, sondern analysiert und diskutiert werden. Dabei ist oft festzustellen, dass Erinnerungsberichte in ihrer Verlässlichkeit und Authentizität durchwachsen sind und präzise Dargelegtes und Memoriertes neben zweifelhaften Passagen, vagen Szenen und Gerüchten parallel vorkommen kann. Um eine solche Äußerung dürfte es sich bei folgender Aussage Sam Eilenbergs handeln:

> „Ich habe vorher erwähnt, daß auch die noch übrig gebliebenen Kranken des Lager Pirna-Mockethal weggeschafft wur-

[348] Vgl. Pascal Cziborra. Frauen im KZ. & Cziborra. KZ Autobiografien

den. Gerüchteweise habe ich gehört, daß diese Häftlinge in der Elbe ertränkt worden seien."[349]

Immerhin verweist er dabei auf die unsichere Quelle seiner Äußerung. Zwar wird auch an anderer Stelle von den Plänen Kranke auf Elbkähnen zu versenken berichtet, es ist aber nichts darüber bekannt, dass Häftlinge des Außenlagers Mockethal-Zatzschke davon betroffen gewesen wären. Die vermeintlichen Pläne, die sich dokumentarisch bislang nicht belegen ließen, müssen vereitelt oder verworfen worden sein.
Außerdem nennt Sergio Rusich zwei angebliche Mordopfer des Außenlagers Mockethal-Zatzschke, die aber dem Außenlager Porschdorf zuzuordnen waren. Entweder werden in folgender Aussage also Personen und Namen verwechselt, oder die Häftlinge wurden doch gelegentlich im Steinbruch und nicht nur beim Barackenbau eingesetzt und sind dabei in Kontakt mit Häftlingen aus dem Lager Schwalbe III gekommen. Rusich erinnert:

> „Es ist mir bekannt, dass die Arbeitsbedingungen in jenem Steinbruch, wo Stollen in den Felsen gegraben wurden für den Bau von Treibstofflagern, wie es hieß, furchtbar waren, und dass die Gefangenen, die aus Schwäche nicht mehr arbeiten konnten, mit Schlägen getötet wurden. Solche Vorfälle haben sich sicher auch ereignet auf der Strecke zwischen dem Lager und dem Steinbruch selbst. [...] Ich selbst habe die Tötung miterlebt zweier meiner Kameraden, die durch Unterernährung völlig entkräftet waren, ein gewisser Andrea Cerlin[350] und Not, beide aus Görz. Beide wurden durch Hiebe mit einer Spitzhacke getötet."[351]

Auch muss in Betracht gezogen werden, dass der Zeuge sich doch korrekt erinnert und eine entsprechende Häftlingsüberstellung nicht oder nicht vollständig in den Nummernbüchern vermerkt worden ist.

[349] BArch B 162 / 16166 S.157 -VP Sam E. 09.07.1971
[350] Andrea Cerlon FloNo.: 40143
[351] BArch B 162 / 16167 S.321 -VP Sergio R. 23.03.1977

4.3 Die Häftlingszwangsgemeinschaft

D1: Altersstruktur KZ Mockethal-Zatzschke nach Jahrgängen
1. Transport vom 10.01.1945 – 100 Häftlinge aus Flossenbürg

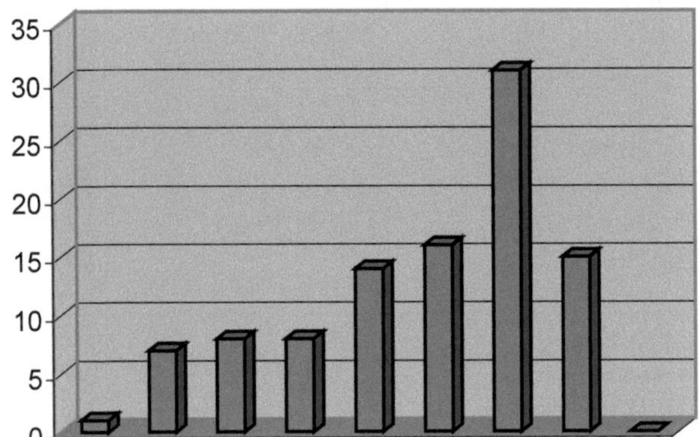

	1890-1894	1895-1899	1900-1904	1905-1909	1910-1914	1915-1919	1920-1924	1925-1929	nach 1929
registriert	1	7	8	8	14	16	31	15	0

KZ-Lager Zatzschke: Luftbildaufnahme vom 20.04.1945

4.4 Häftlingsliste Außenlager Mockethal-Zatzschke

FloNo. Nation	**Name**,*Mädchenname **Vorname** [Varianten]	**Geburtsdaten** **Deportationsdaten**	**Opferstatus** **Quellennachweis**
3205 RUS Z.A.	Bilous, Michael [Michal] B: Schuhmacher	01.01.1925 Nowa – Ukraina [Nova Ukrajinka] [31.01.1944]	10.01.45 Mockethal 19.04.45 Leitmeritz **Schicksal unklar**
3445 POL Z.A.	Krywanski, [Krzywanski] Stefan B: Hilfsarbeiter	23.08.1919 Ostrow [22.02.1944]	„20.03.1945" von **Mockethal nach** **Leitmeritz:** **09.03.1945** **Schicksal unklar**
4162 RD VH	Horvath, Georg B: Hilfsarbeiter	30.09.1922 [30.10.1922] [29.09.1922] Marz [06.02.1944]	10.01.45 Mockethal 19.04.45 Leitmeritz Vgl. B162/16167S.288 Befreit 1945
4997 ITA Sch.	Lacarini, Giancarlo B: Hilfsarbeiter	27.04.1922 [11.10.1943]	10.01.45 Mockethal **Starb i. März 1945** **auf Transport** 09.03.45 Leitmeritz Ab: 16.03.1945 ‚Mockethal'
7066 RUS Z.A.	Sintschuk. Gregor B: Hilfsarbeiter	23.03.1916 [?] 24.03.1914 [?]	10.01.45 Mockethal **Schicksal unklar**
9123 RUS Z.A.	Bojko, Vassilij B: Hilfsarbeiter	??.05.1926 [?]	10.01.45 Mockethal **Schicksal unklar**
9773 FRA Sch.	Guelton, Pierre Henri [‚Peter'] B: Zeichner	31.07.1925 Amiens [25.05.1944]	10.01.45 Mockethal **Starb 1945** **in Mockethal** Ab: 20.03.1945 Vgl. Rusich S.62
10058 FRA Sch.	Pasquette, ['Pasquet'] Jacques [Jaques] B : Hilfsarbeiter	12.04.1926 St. Maurice [Buchenwald BuNo.: 186180]	10.01.45 Mockethal 19.04.45 Leitmeritz **Starb am 04.06.45** **nach der Befreiung**
10185 FRA Sch.	Jallais, 'Sallais' Emile B: Hilfsarbeiter	22.01.1921 ['22.05.1921'] Compiègne [Buchenwald BuNo.: 185770]	10.01.45 Mockethal 19.04.45 Leitmeritz Befreit 1945 Repatriiert

<table>
<tr><td>11494
RUS
Sch.</td><td>Sardikow,
Klawdij [Nikolaj]
B: Hilfsarbeiter</td><td>01.05.1926 Brjansk
[Groß-Rosen
31.05.1944]
Flossenbürg:
11.08.1944</td><td>10.01.45 Mockethal
19.04.45 Leitmeritz</td></tr>
<tr><td>11672
LIT
Sch.
[RUS
Z.A.]</td><td>Wajtekunas,
[Vaitekunas]
Beleslaus [Boleslav]
B: Hilfsarbeiter</td><td>10.04.1916
Schaulen
[Groß-Rosen
31.05.1944]
Flossenbürg:
11.08.1944</td><td>10.01.45 Mockethal
„20.03.1945“ von
Mockethal nach
Leitmeritz:
09.03.1945
Schicksal unklar</td></tr>
<tr><td>12064
RUS
Kgf</td><td>Pockin [Potschkin],
Aleksij
B: Schuhmacher</td><td>29.12.1918
Ratmanova</td><td>10.01.45 Mockethal
19.04.45 Leitmeritz
Schicksal unklar</td></tr>
<tr><td>12540
RUS
Kgf</td><td>Smirnov, [Smirnow]
Alexej
B: Hilfsarbeiter</td><td>01.10.1915
Kalinin, Sacharino</td><td>10.01.45 Mockethal
19.04.45 Leitmeritz
Schicksal unklar</td></tr>
<tr><td>12564
RUS
Z.A.</td><td>Tokartschuk,
Vasil [Wassilij]
B: Hilfsarbeiter</td><td>22.07.1926
Tschortsche b.
Wolyn</td><td>10.01.45 Mockethal
19.04.45 Leitmeritz
Schicksal unklar</td></tr>
<tr><td>14951
POL
Jude</td><td>Heimberg,
Isak [Isaak]
B: Hilfsarbeiter</td><td>17.03.1895</td><td>10.01.45 Mockethal
Starb in Mockethal
Ab: 03.02.1945</td></tr>
<tr><td>15213
POL
Jude</td><td>Klein,
Chilel [Hillel]
B: Hilfsarbeiter</td><td>02.07.1906</td><td>10.01.45 Mockethal
Von der Transport-
liste gestrichen
Bergen-Belsen: 8.3.45</td></tr>
<tr><td>16402
POL
Jude</td><td>Teichmann,
[Reichmann]
Jakob
B: Hilfsarbeiter</td><td>02.02.1912

[04.08.1944 von
Plaszow]</td><td>10.01.45 Mockethal
„20.03.1945“ von
Mockethal nach
Leitmeritz:
09.03.1945
Schicksal unklar</td></tr>
<tr><td>22839
POL
Z.A.</td><td>Gryzkiewicz,
Jan
B: Arzt</td><td>25.03.1893
Jackiewicze</td><td>10.01.45 Mockethal
19.04.45 Leitmeritz
Schicksal unklar</td></tr>
<tr><td>23123
POL
Z.A.</td><td>Mielcarz,
Bronislaw
B: Hilfsarbeiter</td><td>14.09.1921</td><td>10.01.45 Mockethal
Starb in Mockethal
Ab: 23.03.1945</td></tr>
<tr><td>23318
POL
Z.A.</td><td>Rymko,
Alexander
B: Maler</td><td>27.01.1908</td><td>10.01.45 Mockethal
[unleserlich]
Schicksal unklar</td></tr>
<tr><td>24123
POL
Z.A.</td><td>Stodulski,
Josef
B: Melker</td><td>11.12.1922</td><td>10.01.45 Mockethal
Schicksal unklar</td></tr>
</table>

24403 RUS Kgf.	Owtschinnikow, Iwan B: Hilfsarbeiter	13.10.1916 Voronez, Drjaski	10.01.45 Mockethal 19.04.45 Leitmeritz
24658 RUS Z.A.	Terenschenko, Boris B: Hilfsarbeiter	20.04.1921	10.01.45 Mockethal **Schicksal unklar** Flucht/Evakuierung
25240 RD SAW.	Schult am Baum, [‚Schulte am Baun'］ Johann B: Hilfsarbeiter	16.02.1913 Osterfeld [01.09.1944 Sachsenhausen nach Seestadtl (Brüx)]	10.01.45 Mockethal 19.04.45 Leitmeritz Befreit 1945 Starb 05.12.1958 ‚B162/16167 S.289'
27303 RUS Z.A.	Drobacher ‚Drebacha' Kuzma [‚Kusmar'] B: Hilfsarbeiter	10.10.1901 Cheschna Bestattet:26.02.1945	10.01.45 Mockethal **Starb 08.02.1945** Ab: 12.02.1945 Friedhof Tolkewitz
32031 RD Sch. Pol	Kraft, Paul [Kapo] B: Schneider	29.11.1909 Zürich [Dachau:11.05.1940 DaNo.: 10510] Lublin: 28.01.1944	10.01.45 Mockethal Befreit in Leitmeritz B162/16167 S.354f.
32037 RD Sch. Pol.	Popowski, Karl [Lagerältester / Kapo]	07.10.1905 Eisleben	10.01.45 Mockethal Befreit in Leitmeritz 1976 verstorben Vgl. B162/16167 S.359
32316 FRA Z.A.	Chigot, Roland	18.01.1916 Orléans [Chemnitz Zivilarbeiterlager]	„Zwickau" [Mocke- thal, Leitmeritz] [?] Befreit 45, Repatriiert Vgl. www.bddm.org
34979 HUN Jude	Weber, Meer Hilfsarbeiter	31.12.1924	10.01.45 Mockethal **Schicksal unklar**
35219 BUL [GRE] Z.A.	Paputsas, Hristos [Kristof] B: Tischler	04.05.1906 Mesologi [Mesoloni] [14.11.1944]	10.01.45 Mockethal 19.04.45 Leitmeritz **Schicksal unklar**
35270 BEL Z.A.	Deckerck, [Dekerck] Remi Josef [Remy] B: Fleischer	26.02.1920 Snellegem [14.11.1944]	**Starb 1945** **in Mockethal** Ab: 15.04.1945
35835 POL Pol.	Sitkiewicz, Crestaw [Czeslaw] B: Fleischer	08.12.1922 Strzembiska [25.10.1944]	10.01.45 Mockethal „20.03.1945" von **Mockethal nach** **Leitmeritz** **09.03.1945** **Schicksal unklar**

37918 RUS Kgf.	Swtlitschkin, [Svetliczkin] Wasilij [Vasilij] B: Hilfsarbeiter	25.04.1916 [25.05.1916] [27.11.1944] Kujbysev	10.01.45 Mockethal Befreit in Leitmeritz
37925 RUS Z.A.	Nosko, Nikolaj [Mikolaj] B: Hilfsarbeiter	30.07.1926 Ivanovka [27.11.1944]	10.01.45 Mockethal 19.04.45 Leitmeritz Befreit 08.05.1945 in Theresienstadt
38143 FRA Z.A.	Livache, [Liwashe] Roland Aimé B : Friseur	10.02.1917 Ecoutflant [Ecouflent] [05.12.1944] [Chemnitz Zivilarbeiterlager]	10.01.45 Mockethal 19.04.45 Leitmeritz Befreit 1945 Repatriiert
38623 POL Z.A.	Terendyj, Wasyl B: Bergmann	15.03.1902 Pleszowice [11.12.1944]	10.01.45 Mockethal **Starb Januar 1945 in Mockethal** Ab: 23.01.1945
38624 POL Z.A.	Wrona, Tadeusz B: Hilfsarbeiter	18.06.1923 Kielce [Köln] [11.12.1944]	10.01.45 Mockethal „20.03.1945“ von **Mockethal nach Leitmeritz: 09.03.1945 Schicksal unklar**
38637 RUS Z.A.	Titow, Piotr B: Tischler	12.07.1920 Prkow [12.12.1944]	**23.1. auf Transport nach Dachs VII entflohen Schicksal unklar**
38639 RUS Z.A.	Sadarow, [Sacharow] Andrej B: Hilfsarbeiter	12.12.1922 Winniza [12.12.1944]	**23.1. auf Transport nach Dachs VII entflohen Schicksal unklar**
38663 FRA Z.A.	Laffilé, [Laffite] Georges B: Koch	23.08.1920 Troyes [13.12.1944] [Chemnitz Zivilarbeiterlager]	Dachs-Mockethal [Datum unsicher] Leitmeritz: [23.04.1945 ?] Entlassen: 29.04.45 Befreit in Roztoky Repatriiert
39750 RUS Kgf.	Paschin, Pawel B: Hilfsarbeiter	04.11.1916 Limosch [14.12.1944]	10.01.45 Mockethal **Schicksal unklar**
39942 RUS Z.A.	Prokopenko, Wasilij B: Dreher	07.06.1925 Tomakowka [18.12.1944]	10.01.45 Mockethal **Schicksal unklar**

39947 RUS Kgf.	Glinnik, Matwej [Matvej] B: Bautechniker	15.08.1918 Sluzk [Slazk] [18.12.1944]	10.01.45 Mockethal Befreit in Leitmeritz
39953 RUS Z.A.	Kuptschenko, [Kupczykow] Terentij B: Schlosser	10.04.1908 Lishowo [18.12.1944]	10.01.45 Mockethal Leitmeritz: Revier 26.4.1945 Saal G II
39964 RUS Z.A.	Druschd, [Druschel] Andrej B: Schuhmacher	13.03.1921 [25.05.1921] Martinowka [Poltava] [18.12.1944]	10.01.45 Mockethal 19.04.45 Leitmeritz
39973 RUS Z.A.	Galustjan, Semion [Semjon] B: Kraftfahrer	21.02.1897 [21.02.1898] Erewan [Jerevan] [18.12.1944]	10.01.45 Mockethal Befreit in Leitmeritz
39977 RD VH BV	Scharbach, Otto B: Kaufmann	02.06.1898 Freiburg [18.12.1944]	10.01.45 Mockethal **Schicksal unklar**
39979 RD VH BV	Dietrich, Walter Franz B: Schriftsetzer	22.12.1913 Würzburg ‚Wartburg' [18.12.1944] [Deportation aus Würzburg]	10.01.45 Mockethal Befreit in Leitmeritz B 162/16166 S.63f.
39989 FRA Jude	Kauffmann, Gérard Michel [‚Gerald'] B: Hilfsarbeiter	12.09.1925 Paris [19.12.1944] [Deportation aus Graz]	10.01.45 Mockethal 19.04.45 Leitmeritz Befreit am 08.05.45 Repatriiert: Vgl. B162/16166 S.44
39991 FRA Z.A.	Villard, Antonin B: Bäcker	29.03.1922 St. Genis l'Argentière 'St. Denis' [Graz-Flossenbürg]	10.01.45 Mockethal **Starb am 15.04.45** **in Pirna** [nicht abgemeldet] www.bddm.org
39994 BUL Z.A.	Jonkoff, [Jonroff] Dobry [Dobri] B: Gärtner	30.05.1915 [20.05.1905] Porsko-Novoscho [Novoselo Gorsko]	10.01.45 Mockethal Befreit in Leitmeritz
39995 RD a.W. Sch.	Porocnik, Gottfried B: Hilfsarbeiter	15.11.1913 St. Oswald	10.01.45 Mockethal **Schicksal unklar**

39997 RD Sch.	Fürstner, Franz B: Hilfsarbeiter	03.01.1898 Balbersdorf, Thörl [Deportation aus Graz] [Gestapo-Gefängnis Paulustorgasse]	10.01.45 Mockethal 19.04.45Leitmeritz Befreit am 8.5.1945 in Theresienstadt Revier 26.04.1945 Stube N, Rakusan B 162/16166 S.42f.
39998 CZE Z.A.	Juracka, Miroslav B: Buchhalter	27.11.1921 Wall. Meseritsch [Brno]	10.01.45 Mockethal Befreit in Leitmeritz
40000 Serbe Z.A.	Vukovic, Vojin B: Hilfsarbeiter	24.10.1914 Nikoic	10.01.45 Mockethal **Schicksal unklar** aber in Zatzschke verblieben: Vgl. B162/16167 S. 356
40001 Kroat. Z.A.	Laneczak, Stanislav B: Friseur	19.10.1924 Zumberg	10.01.45 Mockethal
40002 RUS Z.A.	Nalimow, [Nalimov] Nikolaj B: Hilfsarbeiter	12.12.1921 [14.12.1921] Tschernoskoje [Perm]	10.01.45 Mockethal Befreit in Leitmeritz
40006 RUS Z.A.	Hawruschenko, [Havryschenko] Nikolay [Nikolaj] B: Hilfsarbeiter	09.09.1925 [09.08.1925] Kaniwzy [Poltava]	10.01.45 Mockethal Befreit in Leitmeritz
40007 POL Z.A.	Kopcik, Boleslaw B: Kraftfahrer	13.01.1918 Boguslawice	10.01.45 Mockethal **Schicksal unklar**
40010 RUS Z.A.	Dimitrenko Nikolaj B: Traktorist	01.01.1922 Sonkotjagi [Kyjev]	10.01.45 Mockethal Befreit in Leitmeritz
40024 RUS Kgf.	Isnasarow, Eschmurad [Eschmurod] B: Hilfsarbeiter	15.12.1919 Norlipjasch [Samarkand]	10.01.45 Mockethal Befreit in Leitmeritz
40071 RUS Z.A.	Scheribow, [Seribov?] Wasilij B: Hilfsarbeiter	18.02.1924 Sileschnja	10.01.45 Mockethal **Schicksal unklar**

40073 POL Z.A.	Rajchel, Jan B: Bäcker	30.05.1925 Wielun	10.01.45 Mockethal **Starb 1945 in Mockethal** Ab: 07.03.1945
40075 POL Z.A.	Kracrewski, [Kraczewski] Josef B: Landarbeiter	27.03.1906 Lissa	„20.03.1945" von **Mockethal nach Leitmeritz: 09.03.1945** **Schicksal unklar**
40076 RUS Z.A.	Kowarenko, Nikolaj B: Heizer	19.01.1923 [11.01.1923] Bary...ka	10.01.45 Mockethal 19.04.45 Leitmeritz
40077 RUS Z.A.	Belij, [Belyj] Wiktor [Viktor] B: Medizin-Student	27.11.1914 Leningrad	10.01.45 Mockethal 19.04.45 Leitmeritz Befreit in Leitmeritz
40078 RUS Z.A.	Lomsin, [Lamsin] Michail B: Schuhmacher	27.11.1914 [25.01.1909] [25.11.1909] Babrowiza [Bobrowica]	10.01.45 Mockethal 19.04.45Leitmeritz
40079 RUS Z.A.	Lutij, Marko B: Traktorist	03.11.1916 [03.01.1916] Korptschino [Koropczyno]	10.01.45 Mockethal 19.04.45Leitmeritz Befreit in Leitmeritz
40084 ITA Z.A.	Rossi, Raffaele B: Schuhmacher	05.03.1917 Genua	10.01.45 Mockethal **07.03.1945 geflüchtet aus Mockethal** **Schicksal unklar**
40088 RUS Z.A.	Portnoj, Piotr B: Schuhmacher	14.03.1925 [14.05.1925] Knince	10.01.45 Mockethal 19.04.45 Leitmeritz **Schicksal unklar**
40089 FRA Z.A.	Bigeu [Bigot] 'Bideú', [Bigen] Maúrice B: Gießer	23.10.1913 Poitiers 'Poitters'	10.01.45 Mockethal 19.04.45 Leitmeritz Befreit 1945 Repatriiert
40090 ITA Z.A.	De Simone, Antonio B: Koch	13.07.1924 Brindisi [Carovigno]	10.01.45 Mockethal Befreit in Leitmeritz
40091 ITA Z.A.	Segat, Adolfo B: Bäcker	20.01.1923 Manauo [Mansue]	10.01.45 Mockethal Befreit in Leitmeritz 'B162/16167 S.290'
40267 ITA Pol.	Paoletti, Fiorenzo B: Hilfsarbeiter	17.07.1923 Rozzo	10.01.45 Mockethal **Schicksal unklar**

40268 ITA Pol.	Leghissa ‘Legira’, [Legisa] Stanko [Stanislao] B: Hilfsarbeiter	26.03.1920 Monfaleone [Tershiv]	10.01.45 Mockethal 19.04.45 Leitmeritz Befreit 1945 B162/16167 S.366f. B162/16167 S.288
40273 ITA Pol.	Scagnetti, Severino B: Hilfsarbeiter	28.08.1921 Gassacco	10.01.45 Mockethal **Schicksal unklar**
40274 ITA Pol.	Spadotto, [Spandotto] Enrico B: Hilfsarbeiter	24.05.1916 Pasiano [Paviana] [Udine]	10.01.45 Mockethal Befreit in Leitmeritz Vgl. B162/16167 S.381
40275 ITA Sch.	Selip, [Sclip] [Solip] Amando [Armando] B: Zimmermann	24.03.1926 Potogruaro	„20.03.1945“ von **Mockethal nach Leitmeritz: 09.03.1945** ‘B162/16167 S.290’
40278 ITA Pol.	‘Saule’, Pio [>Pio Rika Syvle] B: Schuhmacher	05.05.1902 Portole [Portolje]	10.01.45 Mockethal 19.04.45 Leitmeritz Befreit 1945 ‘B162/16167 S.289’
40280 ITA Pol.	Slerco, [Sterko] [Sferco] Giovanni [Ivan] B: Hilfsarbeiter	24.06.1910 Trestenico	„20.03.1945“ von **Mockethal nach Leitmeritz: 09.03.1945** **Starb am 11.03.45 in Leitmeritz** Ab: 20.03.1945 ‚Mockethal’
40281 ITA Pol.	Pucchio, [Pugio] Peruigio [Remigiu] B: Bauer	10.02.1922 Villa Radicora [Savicento]	10.01.45 Mockethal 19.04.45 Leitmeritz Befreit 1945
40284 ITA Pol.	Strukel, Stefano B: Landarbeiter	25.01.1924 San Michele	10.01.45 Mockethal **Schicksal unklar**
40285 ITA Pol.	Sancin, [‘Sanciu’] Carlo [Karl] B: Schneider	04.01.1911 Bagnoli del Ros. [Triest]	10.01.45 Mockethal 19.04.45 Leitmeritz Befreit 1945 in Tschechien B162/16167 S.391f. ‚B162/16167 S.289’
40288 ITA Pol.	Renco, [Renko] Francesco [Franc] B: Schuhmacher	10.08.1911 [10.10.1918] Prelose [Preloza]	10.01.45 Mockethal 19.04.45 Leitmeritz Befreit 1945

40289 ITA Pol.	Routar, [Router] [Rutar] Vittorio [Viktor] B: Landarbeiter	25.07.1924 [27.07.1924] Dobraule [Gorica]	10.01.45 Mockethal 19.04.45 Leitmeritz Befreit 1945
40291 ITA Pol.	Squadrani, [Squadroni] Pierpaolo [Piero] [F: Pietro Squadrani] B: Zeichner [Zeichnungen vgl. Rusich S. 130ff.]	20.03.1926 Rom Flossenbürg: [16.12.1944]	10.01.45 Mockethal 19.04.45 Leitmeritz **Starb am 28.04.45 in Lobositz** Erschossen? Vgl. B162/16167 S.383 Vgl. Rusich S.138
40293 ITA Pol.	Rouz, [Raiz] Giovanni B: Landarbeiter	22.06.1914 Cicigolia [Udine]	10.01.45 Mockethal Leitmeritz 19.04.45
40294 ITA Pol.	Sepich, [Jepic] Giovanni [Ivan] B: Hilfsarbeiter	11.08.1911 Moschiena	"20.03.1945" von **Mockethal nach Leitmeritz: 09.03.1945** **Schicksal unklar**
40295 ITA Pol. Sch.	Sufie, Natale B: Bauarbeiter	15.11.1902	10.01.45 Mockethal **Starb 1945 in Mockethal** Ab.: 21.03.1945
40299 ITA Pol.	Sulcich, [Sulcic] Antonio [Anton] B: Fischer	21.11.1897 S. Croce d'Istria	"20.03.19452 von **Mockethal nach Leitmeritz. 09.03.1945** **Schicksal unklar**
40300 ITA Pol.	Sulcich, Sulini Romano B: Fischer	22.08.1904 S. Croce d'Istria	10.01.45 Mockethal **Schicksal unklar**
40301 ITA Pol	Rusich, [Rucich] [Rosio] Sergio B: Medizin-Student Autobiografie	29.08.1920 Pola	10.01.45 Mockethal Befreit 1945 in Zatzschke B162/16167 S.380f. B162/16167 S.289
40305 ITA Pol	Slaucic, Egidio B: Landarbeiter	08.01.1895 Zarezo	10.01.45 Mockethal **Schicksal unklar**
40306 ITA Pol	Samokez, Dorino B: Bauer	25.08.1926 Görz [21.12.1944]	10.01.45 Mockethal **Schicksal unklar** **Verstarb 1945 auf Evakuierung?**

40307 ITA Pol	Svich, [Svic] Giuseppe [Ivan] B: Landarbeiter	10.02.1905 [10.02.1895] Pedena [Peden]	„20.03.1945“ von **Mockethal nach Leitmeritz: 09.03.1945** **Schicksal unklar**
40308 ITA Pol	Scandul, Giovanni B: Bergarbeiter	03.08.1910 Albona	10.01.45 Mockethal **Schicksal unklar**
40310 CRO Pol.	Sudan, Stefano B: Gärtner	24.04.1902 Drasize [14.02.1904]	10.01.45 Mockethal **Starb 1945** **in Mockethal** Ab: 04.04.1945
40316 ITA Pol	Torkar, [Torcar] Antonio B: Bauer	14.01.1903 Predicolle	10.01.45 Mockethal **Starb 1945** **in Mockethal** Ab: 21.03.1945
40318 ITA Pol	Turchet, [Turket] Antonio B: Hilfsarbeiter	01.03.1924 Porcia [Udine]	10.01.45 Mockethal Befreit in Leitmeritz ‘B162/16167 S.290’
40320 ITA Pol	Villa, [Villat] Luigi [Gigi Villa] B: Kaufmann	05.09.1896 Görz	10.01.45 Mockethal Befreit 1945 in Zatzschke ‘B162/16167 S.290’ Starb am 21.08.1957 B162/16167 S.363f. B162/16167 S.370
40324 ITA Pol.	Torregrossa, ‘Torregnosa’ Gino [Dr.] [Cino] B: Beamter	26.09.1915 Ramacca	10.01.45 Mockethal Befreit in Leitmeritz B162/16167 S.369f. Vgl. B162/16166 S.44 ‘B162/16167 S.290’
40325 ITA Pol.	Tiberio, Mario B: Angestellter	02.09.1900 Görc [Gorizia] [21.12.1944]	10.01.45 Mockethal Befreit in Leitmeritz B162/16167 S.364f.
41597 RUS Z.A.	Mansjuk, Andrej	14.08.1909 Sofijenka [Porschdorf]	„20.03.1945“ von **Mockethal nach Leitmeritz: [?] 09.03.1945** **Schicksal unklar**

15 bzw. 16 Häftlinge aus Porschdorf			
2355 RUS Z.A.	Melnik, Petro [Piotr] B: Arbeiter	19.10.1923 Antonie [Kamenec Podol.] [02.06.1943] [‚Zschachwitz']	15.03.1945 von Schwalbe III nach Dachs 19.04.45 Leitmeritz **Schicksal unklar**
23280 POL Sch.	Podgorski, Stanislaw B: Fuhrmann	08.12.1915	15.03.1945 von Schwalbe III nach Dachs 7 **Schicksal unklar**
32308 CRO Z.A.	Basic. Ibrahim B: Bäcker	28.02.1909	15.03.1945 von Schwalbe III nach Dachs 7 **Schicksal unklar**
40192 SERB Pol.	Gregori, Santo B: Maurer	09.10.1925 Padriciano	15.03.1945 von Schwalbe III nach Dachs 7 **Schicksal unklar**
41968 SERB Sch.	Petelin, Anton B : Maurer	26.09.1909 Peserje	15.03.1945 von Schwalbe III nach Dachs 7 Leitmeritz 19.04.45 Befreit in Leitmeritz
42078 SERB Sch.	Vizintin, Gregor B: Maurer	21.08.1906 [08.01.1906] Gorica	15.03.1945 von Schwalbe III nach Dachs 7 Leitmeritz 19.04.45 Befreit in Leitmeritz
42092 SERB Sch.	Zigon, Josef B: Maurer	01.12.1901 Goryca	15.03.1945 von Schwalbe III nach Dachs 7 Leitmeritz 19.04.45 Befreit in Leitmeritz
43456 ITA Pol.	Bottin, Annibale B: Kutscher	06.02.1926 Sale [23.01.1945] [03.02.1945 Porschdorf]	15.03.1945 von Schwalbe III nach Dachs **Schicksal unklar**
43514 POL Pol.	Gwizdan, [Gwizdon?] Edmund B: Drucker	15.11.1921 Warschau [23.01.1945] [03.02.1945 Porschdorf]	15.03.1945 von Schwalbe III nach Dachs **Schicksal unklar**

43521 ITA Pol.	Bonfanti, Gabriele B: Student	18.11.1923 Chinsaforte [23.01.1945] [03.02.1945 Porschdorf]	15.03.1945 von Schwalbe III nach Dachs **Schicksal unklar**
43526 ITA Sch Pol	Biason, Amedeo	26.02.1912 [27.12.1912] [„20.03.1945" von Porschdorf nach L?]	15.03.1945 von Schwalbe III nach Dachs VII? 09.03.45 Leitmeritz [na karte „D VII"] **Schicksal unklar**
43594 ITA Pol.	Dall' Asen, Ezid B: Holzhauer	21.08.1920 Villa Di Villa [23.01.1945] [03.02.1945 Porschdorf]	15.03.1945 von Schwalbe III nach Dachs **Schicksal unklar**
43601 ITA Pol.	Gozio, Domenico B: Beamter	08.09.1906 Gussago [23.01.1945] [03.02.1945 Porschdorf]	15.03.1945 von Schwalbe III nach Dachs **Schicksal unklar**
43662 ITA Pol.	Maretti, Sereno B: Kraftfahrer	08.02.1914 Novi Di Modena [23.01.1945] [03.02.1945 Porschdorf]	15.03.1945 von Schwalbe III nach Dachs **Schicksal unklar**
43711 ITA Pol.	Piazza, Eliseo [Elizeo] B: Forsthilfsarbeiter	03.07.1903 Valdinoger [Tandre] [23.01.1945] [03.02.1945 Porschdorf]	15.03.1945 von Schwalbe III nach Dachs 19.04.45 Leitmeritz **Schicksal unklar**
43765 ITA Pol.	Zoppe, Clemente [Clementi] B: Forsthilfsarbeiter	15.01.1922 Fana del Pago [Ferra del Pago] [23.01.1945] [03.02.1945 Porschdorf]	15.03.1945 von Schwalbe III nach Dachs 19.04.45 Leitmeritz **Schicksal unklar**
Einzelüberstellung von Stapoleitstelle Dresden [?]			
86519 RUS Z.A.	[Baranyi, Baranja ?] Iwan	[31.07.1919?] [21.08.1919?] [Quelle unleserlich]	19.02.1945 von Stapol. Dresden [„10.01.1945 Mockethal" ?]

40 Juden vom Kommando Dresden Bernsdorf & Co. Überstellung vom 17.03.1945 und 24.03.1945			
38354 POL 99133	Althaus, Isak B: Elektromonteur	08.12.1924 Ciechanów Zichenau [Auschwitz]	10.04.45 Mockethal 19.04.45 Leitmeritz Befreit 08.05.1945 in Theresienstadt TDB
38360 POL 84139	Bajer, Meische [Moszek] B: Schlosser	10.06.1898 Sokolow	10.04.45 Mockethal **Identität ungeklärt** **Schicksal unklar**
38372 POL 84151	Baruch, Jakow [Jankiel] [Jankel] B: Schlosser	23.04.1910 Lódz [22.04.1910] A: Hohensteiner 12F28	10.04.45 Mockethal 19.04.45 Leitmeritz Befreit 08.05.1945 in Theresienstadt TDB
38376 POL 84132	Berkowicz, Riva [Rywen] [Reven] B: Arbeiter / Schlosser	12.12.1907 Wielun ‚Welungen' A: Tal 21F10	10.04.45 Mockethal Befreit 08.05.1945 in Theresienstadt TDB
38400 POL 84169	Dzialosinski, [Dzieloszynski] [Dzialaszynski] Schmul [Samuel] B: Sattler	03.06.1903 Turek [04.05.1903] [05.05.1903] A: Alexanderhof 54F13	10.04.45 Mockethal Befreit 08.05.1945 in Theresienstadt TDB [Revier 26.4.1945 Saal E]
38402 POL 84179	Eidlitz [Eidlic], Josef [Josek Manel] B: Schlosser	21.05.1919 Lódz [26.05.1908] [21.05.1907] Sulzfelder 20F12A	10.04.45 Mocketal **Verstarb 1945** **in Pirna/Mockethal** Ab: keine B 162/8328 S.56ff.
38403 POL 84170	Eilenberg [Ajlenberg], Simcha Binem [Symcha] [>Sam] B: Schlosser	14.02.1910 Lódz A: Fisch 16F20	10.04.45 Mocketal Befreit am 08.05.45 in Zatzschke Jüdische Gemeinde Berlin Bestand B. 1/9, Nr. 1 DP- Kartei 1945-1949: Card 6439 B162/16166 S.154f.

38404 POL 99350	Engel, Berek B: Friseur	09.04.1920 [04.09.1920] Zakorczym 'Kakroczyn' ? [Lakrosim] [Buchenwald Oranienburg- Heinkelwerke Stutthof Auschwitz 1942]	10.04.45 Mockethal Befreit 08.05.1945 in Theresienstadt nach Flucht in Pirna TDB, SVHF 5635 Jüdische Gemeinde Berlin Bestand B. 1/9, Nr. 1 DP- Kartei 1945-1949: Card 6485 B162/16166 S.115f.
38406 POL 84176	Fajerman, Chaim Mordka [>Hy Feierman] [Feuermann] B: Schlosser	25.01.1911 Zdunska Wola	10.04.45 Mockethal 19.04.45 Leitmeritz Befreit 08.05.1945 in Theresienstadt SVHF 28644 ‚Abmeldung 38407'
38411 POL 84183	Friedmann, Eljasch B: Schlosser/ Schmied	20.05.1902 Litzmannstadt	10.04.45 Mockethal **Schiskal ungeklärt** nach Flucht 1945 in Mockethal: Vgl. B 162 / 8329 S.302
38413 POL 84172	Friedmann, [Fridmann] Simon ‚Somen' B: Metallarbeiter	22.05.1908 Litzmannstadt	10.04.45 Mockethal Befreit am 07.05.45 in Zatzschke B162/16166 S.132f
38420 POL 84186	Goldberg, Abram [Abraham] B: Schlosser	01.10.1904 Lask	10.04.45 Mockethal **Schicksal unklar** „Totgeschlagen." vgl. Samuel Krzepic B 162 / 8329 VP 23.02.1970. Laut ITS überlebt
38421 POL 84192	Goldberg, Icek B: Arbeiter, Schlosser Handschuhmacher	06.08.1911 Lask [08.06.1911] A: Fisch 3F27 Sperling 16F2 Fisch 8	10.04.45 Mockethal 19.04.45 Leitmeritz Befreit 08.05.1945 in Theresienstadt TDB
38422 POL 84191	Goldrat, Icek Moszek [>Maurice Goldrat] [>Morris Goldrat] B: Schlosser [‚Marian Jurewitsch']	03.07.1911 [20.07.1911] ‚Belsenburg' [Bolkenburg] A: Richter 11/13F4 Tal Weg 5F1 Steinmetz 21F8	10.04.45 Mockethal Befreit im Mai 1945 bei Dresden nach Flucht aus Mockethal B 162 / 8329 S.294f.

38424 POL 84353	Gross, [Grop] David [Dawid] 'Davis' B: Angestellter B: Mechaniker	20.03.1923 Plauen [20.05.1923] A: Rauch Gasse 22F21 Am Bach 33F18 Reiger 18	10.04.45 Mockethal 19.04.45 Leitmeritz Befreit 08.05.1945 in Theresienstadt TDB
38431 POL 84195	Hostejk [Hostik], Motek [Mordka] [Mordechai] [> Milton Hostick] B: Tischler	30.09.1929 Lódz [30.09.1930] A: Alexanderhof 11F19	10.04.45 Mockethal Befreit 1945 Ort unbekannt World Jewish Congress 'B162/16167 S.288'
38432 POL 84196	Hostyk [Hostik], Selman [Zalman] B: Tischler	28.12.1900 Hrübenow [>Hrubieszow] A: Alexanderhof 11F19	10.04.45 Mockethal **Schicksal unklar**
38433 POL 84356	Jelim, [Jelin] Isaak B: Schlosser	01.04.1915 Litzmannstadt	10.04.45 Mockethal **Identität ungeklärt** **Schicksal unklar**
38435 POL 84371	Josipowitsch [Josipowicz], Moses [Mozes] B: Lumpenhändler B: Schlosser	19.04.1903 Lódz A: Tizian 2F37 Zieten 25	10.04.45 Mockethal **Schicksal unklar** PoT vom Bruder Isaac Josipovicz [Josy] [?] YV Item ID: 1867430
38439 POL 84205	Katz, [Kac] Icek [Izrael] B: Schlosser	09.02.1919 Lódz [09.02.1923] [09.02.1922] Litzmannstadt A: Pfeffergasse 15F94	10.04.45 Mockethal Auf Evakuierung geflohen Befreit 08.05.1945 in Theresienstadt TDB B 162 / 8328 S.163f. B 162 / 8329 VP 19.02.1970
38445 HUN ‚POL' 99661	Königsberg, Bela B: Artist	21.06.1915 Ilonczo [Auschwitz]	10.04.45 Mockethal **Identität ungeklärt** **Schicksal unklar**
38451 POL 84219	Korn, Jakob [Jacob] B: Arbeiter / Schmied	15.06.1919 Wielun [12.07.1919] Lututów A: Muehl 12F15 Rubens 8	10.04.45 Mockethal Befreit 08.05.1945 in Theresienstadt TDB [Leitmeritz]

38459 POL 84220	Krzepic ‚Kschepitz', Selig [Zelig] B: Schlosser	15.07.1896 Lask [1897] A: Insel Str. 7F89	10.04.45 Mockethal 19.04.45 Leitmeritz Befreit 08.05.1945 in Theresienstadt TDB
38460 POL 84213	Krzepiz, [Krzepic] Schmuel [Szmul Lajzer] B: Chauffeur B: Schlosser	16.10.1903 Lask [15.10.1903] A: Insel 7F100	10.04.45 Mockethal 19.04.45 Leitmeritz Befreit 08.05.1945 in Theresienstadt TDB B 162 / 8329 VP 23.02.1970
38464 POL 84224	Lewi, [>Eljakom] Gecel B: Arbeiter B: Elektromonteur	24.11.1924 Turek [29.11.1924] [29.11.1925] A: Hausierer 2F13A Siegfried 12	10.04.45 Mockethal 19.04.45 Leitmeritz Befreit 08.05.1945 in Theresienstadt TDB ‚B162/16167 S.288'
38471 POL 84348	Lipmanowicz, Smuel [Schimme] [>Samuel Lipman] B: Schlosser	06.06.1916 [10.11.1916] Belchatow A: Am Bach 8F23	10.04.45 Mockethal Befreit in der Tschechoslowakei B 162 / 8329 S.299f. B 162/16166 S.145f.
38478 POL 84241	Naiberg, [Najberg] [Neiberg] Beral [Berl] [Berek] B: Tischler / Schlosser	04.04.1880 [12.01.1880]Dzenitz a b. Opoczno ‚Opoczow' A: Gansen Str. 8F2 Mielczar 7	10.04.45 Mockethal **Starb 1945** in Dresden [???] PoT übermittelt durch den Sohn Tadeusz Neiberg am 03.06.1957 YV Item ID:781724
38486 POL 99945	Perec, Chaim B: Schneider	14.11.1912 [14.11.1911] Ciechanow [Auschwitz]	10.04.45 Mockethal [Leitmeritz][TDB] Befreit 1945 in Leitmeritz ‚B162/16167 S.288'
38497 POL 84365	Radzyner, Chaim B: Büroangestellter F: Sohn v. 59834 F: Bruder v. 59835 B: Schlosser	06.09.1912 Radom [06.09.1908] A: Hohensteiner 23F17 Steinmetz 8	10.04.45 Mockethal **Starb im April '45** **beim Todesmarsch** PoT der Schwester Rebecca Renee Winer am 28.01.1991

38501 POL 84256	Reder, Jakob B: Schlosser	01.02.1901 Lódz [21.01.1901] A: Am Bach 15F60 Bier 23F2 Danziger 20	[1945 Mockethal] **Starb in Zatzschke** Ab: 16.03.1945 „Mockethal“ PoT übermittelt von Kusine Sara Erlich 24.05.1957 YV Item ID:924178
38503 POL 84273	Reingold [Rajngold], Feiwel [Fajwisz] B: Büroangestellter F: Ehemann v. 59840 F: Bruder v. 38502 B: Stanzer	21.07.1904 Lódz A: Acker 16F21 Sperling 17 Alexanderhof 56F5	10.04.45 Mockethal **Starb i. April 1945** in Mockethal [Pirna] Ab: 15.04.1945 PoT übermittelt von der Schwägerin Rakhel Shteinbuk PoT übermittelt von Ehefrau Sara Rein- gold 03.07.1957 u.a. YV Item ID: 1622825, 1977677
38508 POL 84259	Rosenblum, Motel [Motyl Szulem] B: Kaufmann B: Schmied	23.12.1904 Sajow [23.07.1904] A: Hanseaten 46F7 Marysin 25	10.04.45 Mockethal **Schicksal unklar** Möglicherweise in Mockethal getötet Vgl. B 162 / 8329 S.301 PoT von Nichte Tola Alberstein [?] YV Item ID: 1013006
38518 POL 84288	Schurek, [Surek] [Szurek] Dan B: Schüler B: Hilfsarbeiter	10.03.1929 [1931] [10.07.1930] Lódz A: Franz 38F7 Eicher 16	10.04.45 Mockethal 19.04.45 Leitmeritz Befreit 08.05.1945 in Theresienstadt TDB
38519 POL 84287	Schurek, [Surek] [Szurek] Simcha [Pinchas Selig] B: Schlosser	27.02.1896 Lódz [Bodenbacher Krankenhaus]	10.04.45 Mockethal 19.04.45 Leitmeritz **Starb am 08.07.45** **in Theresienstadt** an Typhus & TBC nach der Befreiung

38527 POL 84289	Stillermann [Stilerman] [Sztyllerman], David [Dawid Hersz] B: Fabrikant	09.01.1889 [09.01.1879] Scherenkowo A: Insel 9F15 Hanseaten 25F14 Bismark 37	[Mockethal 1945] **Verstorben 1945 in Mockethal** Ab: 16.03.1945
38528 POL 84305	Stillermann [Stilerman] [Sztylerman], Paul [Pawel] B: Absolvent B: Hilfsarbeiter	14.03.1920 Lódz ['06.04.1915'] A: Insel 9F16 Hanseaten 25	10.04.45 Mockethal 19.04.45 Leitmeritz Befreit 1945 ‚B162/16167 S.290'
38529 POL 84304	Stillermann [Stilerman] [Sztylerman], Salamon [Salomon] B: Arzt B: Hilfsarbeiter	16.01.1910 Lódz A: Insel 9F16 Hanseaten 25	10.04.45 Mockethal **Schicksal unklar**
38538 POL 84279	Szatan-Chimowicz, Icek [Izaak] B: Hilfsarbeiter	11.05.1928 Lódz [11.05.1930] [28.11.1929]	10.04.45 Mockethal Befreit 08.05.1945 in Theresienstadt TDB B162/16166 S.126ff
38549 POL 84323	Weiskohl, [Wajskol] Hersch [Hersz] B: Schlosser	03.03.1911 Zdunska Wola [06.03.1911] Hamburger Str 78F10 Hamburger 63	10.04.45 Mockethal **Starb am 25.12.45 in Pirna** nach der Befreiung Pirna Bestattet Friedhof Pirna 31.12.1945
38565 POL 84332	Zandberg, [Sandberg] Chaim B: Schlosser	10.02.1907 Kalisch [10.05.1907]	10.04.45 Mockethal 19.04.45 Leitmeritz DP Föhrenwald Sharit haplatah
Aus dem Gefängnis Pirna			
89089 FRA Jude	Driay, ['Dring'] Victor [Viktor] [Wiktor] **AuNo.: A-5166**	24.12.1916 Paris [Drancy-Auschwitz] Convoi 74: 20.05.44 Von Auschwitz im Januar 1945 evakuiert. Dresden 28.01.bis 13.02.1945; dann in Pirna inhaftiert	10.04.45 Mockethal 19.04.45 Leitmeritz « La Deportation de la Famille Driay » Gefängnis Dresden Gefängnis Pirna Befreit 1945 nach Evakuierung aus Leitmeritz

Weibliche Häftlinge vom Kommando Dresden Universelle			
57293 RD Sch.H.	Chlosta, Hedwig [>Köhler]	19.07.1921 Mokainen [09.10.1944 von Ravensbrück]	Befreit in Pirna-Mockethal
62507 RD Pol.	Mietke, Anneliese	16.05.1903 Dessau [19.01.1945 von Ravensbrück]	Befreit in Pirna-Mockethal
62580 RD Aso.	Bauer, *Kühn Frieda	06.02.1910 Ludwigshafen [Oggersheim] [19.01.1945 von Ravensbrück]	Befreit nach Flucht von Evakuierung in Lohmen B162/16167 316ff.
62634 RD Pol.	Grascha, Matilde	28.08.1899 [?] Berlin [19.01.1945 von Ravensbrück]	Befreit in Pirna-Mockethal

4.5 Archivalien

Bundesarchiv Berlin:
Barch NS4FL / 393 Bd.2
Barch B 162 / 16166, Barch B 162 / 16167, Barch B 162 / 8329 [Ludwigsburger Stelle]

Fortunoff-Videoarchiv – Yale University (New Haven):
Holocaust-Video-Testimony HVT-3089

National Archives and Records Administration (Washington):
NARA M-1935 Rolls 1-4

Shoah Visual History Foundation – University of Southern California (Los Angeles):
SVHF-Videointerviews: 5635, 28644

Yad Vashem Archiv (Jerusalem):
YV – Gedenkblätter – Pages of Testimony

4.6 Literatur

Benz, Wolfgang und Barbara Distel (Hg.). Der Ort des Terrors. Band 4. Flossenbürg Mauthausen Ravensbrück. C.H.Beck München. 2006

Czech, Danuta. Kalendarium der Ereignisse im KZ Auschwitz-Birkenau 1939-1945. Rowohlt Verlag. Hamburg. 1989

Cziborra, Pascal. Frauen im KZ. Möglichkeiten und Grenzen der historischen Forschung am Beispiel des KZ Flossenbürg und seiner Außenlager. Lorbeer Verlag. Bielefeld. 2010

Cziborra, Pascal. KZ-Autobiografien. Geschichtsfälschungen zwischen Erinnerungsversagen, Selbstinszenierung und Holocaust-Propaganda. Lorbeer Verlag. Bielefeld. 2012

Cziborra, Pascal. KZ Flossenbürg. Gedenkbuch der Frauen. Lorbeer Verlag. Bielefeld. 2015

Cziborra, Pascal. KZ Dresden Reick. Tödlicher Typhus. Lorbeer Verlag. Bielefeld. 2014

Cziborra, Pascal. KZ Dresden Striesen. Das Familienlager Bernsdorf & Co. in der Schanadauer Straße 68. Lorbeer Verlag. Bielefeld. 2013

Driay, Alain. La Deporatation de la Famille Driay. France 2005

Kohl, Peter; Bessel, Peter. Auto Union und Junkers: Die Geschichte der Mitteldeutschen Motorenwerke GmbH.
Franz Steiner Verlag. Stuttgart. 2003

Quercioli, Franco; Rusich, Silva. Sergio Rusich e la sua storia.
CD&V. Firenze 2008

Rusich De Moscati, Sergio. Il mio diario
A vent'anni nei campi di sterminio nazisti Flossenburg 40301
ECP San Domenico, Fiesole. 1992
[Downloaddokument www.premiorusich.it]

Weinmann, Martin (Hg.). Das nationalsozialistische Lagersystem. Zweitausendeins. Frankfurt am Main. 2001

FOTINI TZANI

Zwischen Karrierismus und Widerspenstigkeit - SS-Aufseherinnen im KZ-Alltag

ISBN: 978-3-938969-13-7 **140 Seiten** **19,95€**